KB170558

아침 10분

영어필사의 힘

아침 10분 영어 필사의 힘

초판 1쇄 발행 2022년 5월 30일

지은이 위혜정
편집인 옥기종
발행인 송현옥
펴낸곳 도서출판 더블:엔
출판등록 2011년 3월 16일 제2011-000014호

주소 서울시 강서구 마곡서1로 132, 301-901
전화 070_4306_9802
팩스 0505_137_7474
이메일 double_en@naver.com

ISBN 979-11-91382-14-3 (03320)

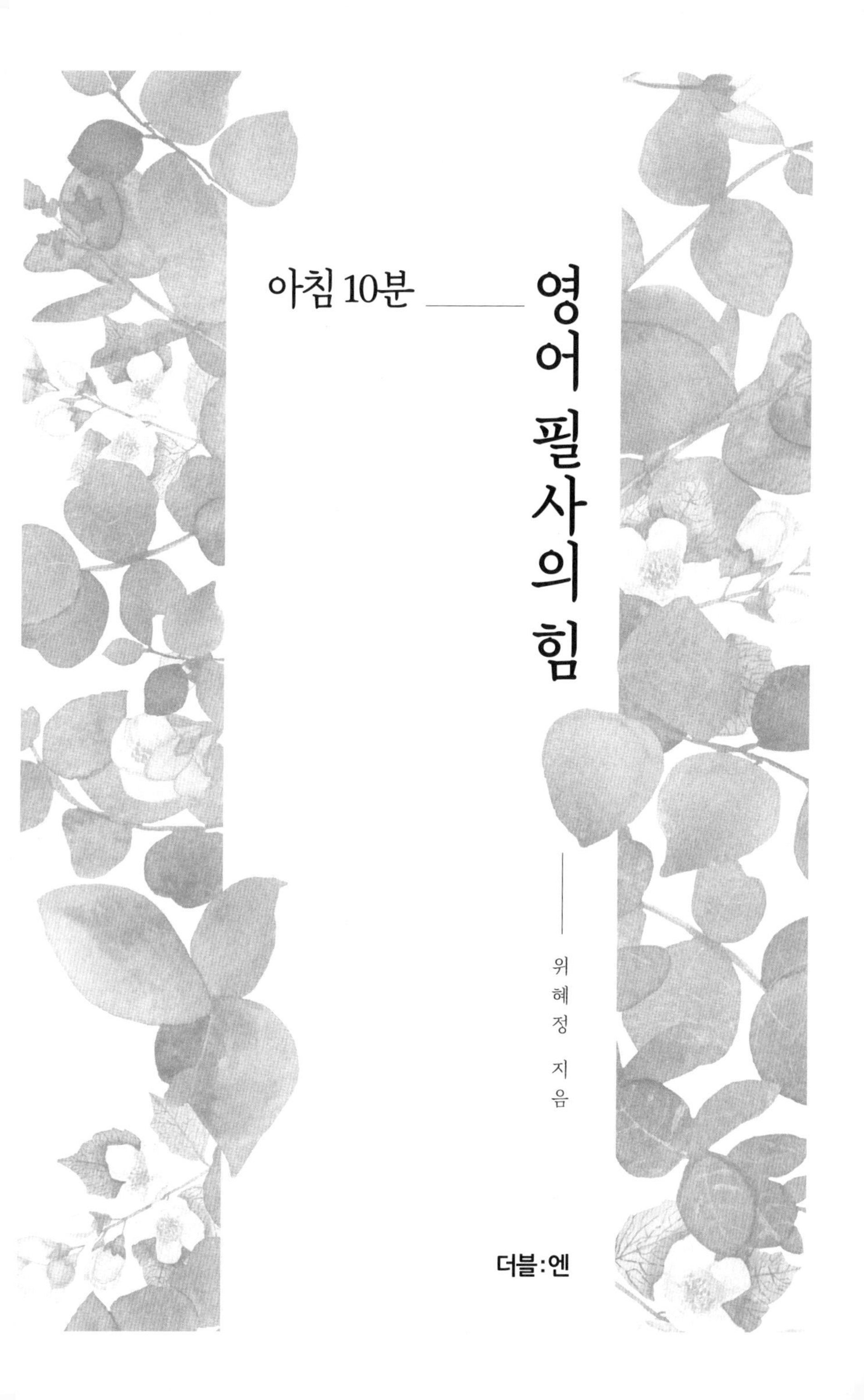

아침 10분

영어 필사의 힘

위혜정 지음

더블:엔

프롤로그

,

헬로우, 나의 새벽!

2020년, 학교 복직을 앞두고 내 삶을 재배치해야 하는 시점이 다가왔다. 육아와 일, 어느 한쪽으로도 기울어지지 않는 균형이 필요했다. 우연히 새벽을 여는 모임과 영어 필사를 만났다. 새벽 세포들의 기억이 한꺼번에 쏟아져 혈류를 타고 온몸을 질주하기 시작했다. 그리고 천천히 나를 깨우는 작업이 시작되었다.

나는, 아무에게도 닿지 않은 새벽 공기를 들이키며 그 신선함에 전율하던 사람이었다. 평생 아침형 인간이었던 내가, 아들과 밤낮으로 뒹굴며 뒤죽박죽 섞여버린 시간 속에서 수년간 흔적도 없이 묻혀버린 것을 발견했다.

'앗, 내가 그런 사람이었지!' 새벽 모임 첫날은 뒤통수를 세게 얻어맞은 듯, 신선한 충격이었다. 새벽 시간, 쉴 새 없이 흘러가는 일상에 살포시 정지 버튼을 누르고 그 안에서 나를 돌보는 여행이 꿈같았다.

영어 교사들의 모임에서 영어 소설책을 필사하기 시작했다. 필사의 첫 단추가 새벽 시간과 맞닿았다. 영어 소설 필사를 통해 눈에서 머리로 잠시 머무는 듯하다 휘발되어버리는 읽기의 과정에 변화가 찾아들었다. 활자 속에 녹아든 삶의 언어들이 천천히 마음에 찍혔다. 본문을 읽어내려가다 보면 그냥 지나쳤던 단어나 부호가 눈에 들어오고 가슴을 찡하게 울리는 문장과 장면들, 주옥같은 표현들이 건져진다. 밑줄을 긋고 맴도는 여운에 잠겨 종이에 또박또박 문장을 옮긴다. 다양한 어휘와 표현, 명칭, 문화적 코드 등의 생소함 앞에서 당황하지 않고 검색을 곁들이다 보면 공감과 이해의 깊이가 더해진다. 속도는 느리지만 눈으로만 후루룩 읽고 넘기던 텍스트가 손끝을 타고 머리와 가슴에 깊이 머무는 필사의 과정은 깊이 있는 읽기와 글쓰기의 연결고리가 된다. 글 속에 꿈틀대는 수많은 메시지들이 나의 생각과 만나고 이를 통해 광활한 정신의 공간 속에 의미 있는 점들이 찍히고 연결되는 희열을 느낄 수 있다.

어느 순간 주옥같은 글들을 읽고 쓰며 곱씹는 울림을 공유하고 싶어졌다. 매일 만나는 학생들이 떠올랐다.

"선생님, 영어 너무 어려워요. 어떻게 하면 잘해요?"

문제 유형을 분석하며 정답을 찾기 위해 끊임없이 훈련하는 시험이 아닌, 그저 '영어'를 수단으로 삶을 이야기하고 싶었다. 철학서보다 더 강렬한 감동과 찡함이 가슴에 남아 맴도는 영어 그림책과 영시, 명언 등의 텍스트를 골라 함께 필사를 했다.

"힘든 시기에 위로가 되는 글이었어요."

"마음으로 느끼며 읽게 되었어요."

"흔들리던 마음을 잡을 수 있었어요."

"친구들의 생각을 다시 들여다보며 깊이 나를 성찰하게 되었어요."

"느낀 점을 술술 쓰는 친구들의 감성이 풍부한 게 신기해요."

"동화는 어린이뿐만 아니라 바쁜 일상을 살아가는 현대인에게 필요한 것 같아요."

학생들은 바쁘고 팍팍한 삶 속에서 숨통을 틔우며 위로, 용기, 뿌듯함, 함께 등의 키워드를 가져갔다. 높은 수준의 읽기 자료는 아니었지만 아이들과 함께하니 충분한 울림이 되었다.

아직, 글씨를 쓰지 못하는 아들을 위해서도 생각해볼 거리가 있는 영어 텍스트를 수집하고, 저장하고, 나의 삶을 버무려 '가치' 라는 이름으로 기록했다. '같이'의 가치. 어느덧 엄마로서 아이와 동행하며 알려주고 싶은 삶의 가치들이 모였다.

아이의 삶 그릇에 담아주고 싶은 가치를 내가 먼저 씹어본다. 일상에서 무심코 지나갔던 지혜들이 나를 따뜻하게 토닥여준다. 나와 아이의 인생, 그 틈새마다 영양 만점의 가치들을 옴팡지게 채워 넣어 삶의 골격을 쫀쫀하게 조이고 싶다. 동시에 아들에게 앵무새같이 외워낸 유창한 학원 영어가 아닌 생각의 깊이를 넣어주고 싶다. 나는 거쳐왔지만 아이는 아직 거치지 않은 경험의 비대칭 속에서 엄마로서 갖는 욕심이다. 언어를 넘어서 텍스트 안에 녹아난 삶의 가치를 사유하는 과정이 오롯이 삶의 일부가 되면 좋겠다. 읽고 쓰고 생각하고 다시 정리하고, 영어 필사의 매력에 빠져 내가 거쳐왔던 과정에 초대하고 싶다.

이 책에서는 한국어 번역본이 없는 영어 동화책도 많이 소개하고 있다. 원어가 주는 묘미를 그대로 느끼기 위해 도서관에서 대여하거나 직접 구매할 때 번역본의 유무는 배제했다. 개인적으로 중고서점 발품을 많이 파는 편이다. 누군가가 직구한 영어 동화책을 진열대에서 발견하는 재미도 쏠쏠하다.

영어에 자연스레 노출되어 생각을 풀어 놓는 방법, 하얀 백지에 인생을 깊이 눌러 쓰면서 서로 생각과 가치를 나누는 배부름, 독자 여러분과 함께 누렸으면 하는 작은 바람을 담아본다.

차 례

PART 002

삶의 뚜렷한 실루엣을 찾아, 나

PART 003

삶의 결을 맞추는, 가족

PART 001

서로의 삶을 포개어, 함께

'나'를 먼저 쓸까, '아이'를 먼저 쓸까 고민했어요.

그리고 제 글을 읽어주실 독자님 생각도 났습니다.

그런데,

이 모든 존재를 아우를 수 있는 단어가 있더라고요.

'함께'였습니다.

조금의 불안과 외로움도 함께합니다.

여러분도 함께해 주세요.

What a splendid day!

•

What a splendid day! Isn't it good just to be alive on a day like this? I believe the nicest and sweetest days are not those on which anything very splendid or exciting happens but just those that bring simple little pleasure, following one another softly, like pearls slipping off a string.

- 《Anne of Greengale》 L.M. Monttgomery, Puffin Books

○

정말 근사한 날이에요!
오늘 같은 날에 살아있는 것만으로도 행복하지 않아요?
정말로 즐겁고 행복한 나날이란
멋지고 놀라운 일이 일어나는 날이 아니라
진주알들이 알알이 한 줄로 꿰어지듯이,
소박하고 작은 기쁨들이 조용히 이어지는 날들이예요.

- 《빨강머리 앤》 몽고메리, 인디고(글담)

* 함께 읽으면 좋은 책 *

《Hey, Al》 Arthur Yorinks & Richard Egielski, Sunburst

행복
Happiness

일상이 배달하는 특별한 선물

"우와! 신기하다. 어떻게 그래요? 기사로 내도 되겠다!"

아들은 출생 예정일부터 예사롭지 않았다. 2월 29일. 4년에 한 번씩 돌아온다는 그 귀한 윤달이다. 특별했지만 내심 그날을 비켜 가길 바랐다. 귀한 자식 생일을 몇 해 걸러 기념하고 싶지 않아서였다. 엄마의 마음이 탯줄에 닿았나 보다. 3주나 앞으로 훅 건너뛰어 2월 9일, 진통이 오기 시작했다. 친정 부모님께서 지방에서 올라와 구정 연휴를 함께 보내고 계셨다. 만삭의 몸으로 딸이 힘들어할까 배려해주신 덕분이다. 부모님 입장에서는 두 번 걸음 하지 않고 손자 얼굴까지 볼 수 있는 선물같은 연휴였을 것이다. 그런데 이 녀석, 세상의 공기를 급하게 마신 이유가 단순히 할아버지, 할머니를 일찍 보는 것이 아니었다. 나만의 해석이긴 하지만 지극한 효심이라 극찬해본다.

"덕분에 평생 아빠 생일 뺏겼다!"

남편은 미역국을 먹어야 할 날에 병원 분만실 옆에서 찬 김밥으로 허기를 달랬다. 우연은 계속된다. 남편의 누님인 형님의 생신이 2월 9일이다. 둘의 생일이 똑같은 상황에서 아들 역시 예정일을 피해서 나온 날이 하필 그 날이다. 매년 2월 9일, 우리 가족은 북적북적하다. 케이크 하나에 형님, 남편, 아들. 세 명의 주인공들이 모인다. 3일에 걸쳐 치를 축하 파티가 단 하루 만에 끝난다. 뱃속에서부터 엄마의 건망증을 걱정했던 아들, 중요한 날 잊어버려 서로 맘 상하지 않게 해주려고 1년 365일 중 고르고 골라 나온 날이 2월 9일이라니. 너 정말 찐 효자 아니야?

나는 숫자로 묶인 기념일에 큰 의미를 부여하지 않는다. 잘 잊어버려 못 챙기는 경우가 많아서다. 남편은 내 생일 몇 주 전부터 부산을 떤다. "생일 며칠 전이야." "생일 몇 시간 전이야." 심지어 생일 당일은 "생일 몇 시간 밖에 안 남았어" 하며 아내의 귀빠진 날에 최대한 특별함을 더하려 한다. 하지만 나는 생일이 또 다른 평일이길 바란다. 한해 한해 나이를 먹는 것이 그리 반갑지 않다. 그냥 조용히 지나가고 싶다. 괜히 동네방네 나이 먹는 걸 광고하는 거 같아 남편에게 심통을 부린다.

"그만 좀 해!"

그래도 남편은 꿋꿋하게 반응한다.

"낭만이 없어. 근데 생일 한 시간 남았어!"

맞다. 나에게 손꼽아 특정한 날을 기다리는 낭만이 빠져 있을 순 있다. 하지만 생을 살다 보니 꼭 기념일만 날이 아니더

라. 숫자로 규정된 특정한 날에 인생의 의미를 가두고 싶지 않다. 기념일을 기다리는 그 낭만이 일상에 뿌려지는 게 더 좋다. 그러면 왁자지껄, 떠들썩함 없이 조용히 묻혀버린 기념일에, 서운함 등의 불필요한 감정들로 범벅이 될 일도 없다.

《아모스 할아버지가 아픈 날(A sick day for Amos McGee)》은 내가 사랑할 수밖에 없는 책이다. 할아버지는 일상이 가져다주는 특별함에 대해 들려준다. 그는 매일 아침 똑같은 일상을 반복한다. 일찍 일어나, 동일한 식사를 하고, 동일한 시간에 동일한 버스를 타고, 동일한 동물 친구들과 똑같은 루틴을 보낸다. 따분해 보이는 일상 속에 서서히 특별함이 스며든다. 어느 날 할아버지가 아파서 출근을 못하게 되자, 동물들은 매일 동일하게 부어졌던 일상의 축복을 그리워한다. 부지불식간에 배달된 그 특별함, 사라질 때야 느낀다. 동물들은 사라진 '매일'을 되찾기 위해 떠난다. 할아버지의 일상 속으로. 그가 365일 버스를 기다리는 정류장에서, 그가 타는 동일한 버스를 기다리고, 그 5번 버스에 몸을 싣는다. 그리고 특별했던 그 일상을 할아버지가 아파 누워있는 침대로 들고 간다. 선물처럼.

"우와! 내 사랑하는 친구들이 여기 왔다니!"
(Hooray! My good friends are here!)

할아버지의 탄성, 일상이 특별한 선물로 배달되는 순간이다.

"엄마, 오늘은 무슨 요일이에요?"

"오늘은 금요일이야."

"야, 신난다! 저는 금요일이 제일 좋아요. 바로 다음에 주말이잖아요!"

금요일이 주는 설레임이며 행복이다. 금요일은 빨간 날도 아니고 일 년 중 단 하루, 특별하게 규정된 날도 아니다. 달력을 찢을 때마다 네 번씩이나 다시 주어지는 일상이다. 근사한 날은 특별한 이벤트에 끼워 넣는 날이 아니다. 그저 별일 없이 채워지는 매일의 일상, 소소해서 더 특별하다. 빛깔이 강하면 덧칠조차 할 수 없지만 은은한 일상은 다른 빛깔과 더해질 수 있다. 75억 인구 중에 나와 내 아이만이 만들어내는 유일한 다큐멘터리가 우리만의 빛깔로 제작된다니. 특별하게 포장하는 것은 우리 몫이다. 달력에서 빨강이 비껴가버린, 규정되지 않은 일상들은 부산스럽지 않아 좋다. 여유를 가지고 또 다른 한편의 다큐멘터리를 찍는다. 유일하게, 그래서 더 특별하게. 어느 달, 어느 주에 속해 있는지 모르는 어느 금요일이 그저 좋다. 덩달아 이제는 그런 금요일이 바로 다음날인 목요일도 좋아진다. 그렇게 행복이 찾아든다.

Love wins

•

"The tension of opposites?"
"Life is a series of pulls back and forth. You want to do one thing, but you are bound to do something else."
"A tension of opposites like a pull on a rubber band. And most of us live somewhere in the middle. Sounds like a wrestling match."
"Yes, you could describe life that way."
"Then which side wins?"
"Love wins. Love always wins. Love each other or perish."

- 《Tuesdays with Morrie》 Mitch Albom, Doubleday

○

"반대되는 양쪽의 긴장감이라구요?"
"인생은 밀고 당기는 과정이야. 어떤 걸 하고 싶지만 다른 걸 해야 하지."
"고무줄을 당길 때 같은 팽팽한 긴장이군요. 그리고 우리 대부분은 그 중간 어딘가에 있는 거구요. 레슬링 경기하는 거 같네요."
"그렇구나. 그렇게 인생을 설명해도 되겠네."
"그럼 어느 쪽이 이기는 거예요?"
"**사랑이 이기지.** 언제나 사랑이 이기지. 서로 사랑하렴. 아니면 소멸하게 된단다."

- 《모리와 함께한 화요일》 미치 앨봄, 살림

* 함께 읽으면 좋은 책 *

《I love you forever》 Robert Munsch
《Guess how much I love you》 Sam McBratney
《Someday》 Alison Mcghee
《Love》 Matt de La Pena

사랑

Love

인생에 꽂는 승기

매주 화요일, 인생의 진액을 쭉 뽑아 지혜의 정수를 한 사발 들이키는 시간. 《모리와 함께한 화요일(Tuesday with Morrie)》이 주는 울림이었다. 죽음을 앞둔 한 교수님의 입에서 삶에 대한 고찰, 인생의 지혜가 폭포수처럼 쏟아지는 것을 다 받아내느라 정신이 없었던 기억이 난다.

"형, 이런 말 하기 그렇지만 암은 그나마 나은 병이야. 자기 삶을 정리하는 시간이 주어지거든."

매일 병원에서 갖가지 모습으로 생을 마감하는 사람들을 마주하는 남편 후배의 말이다. 암과는 조금 다르지만 죽음을 앞두고 삶을 정리하는 시간을 가지며 모리 교수는 애제자 미치에게 담담하게 인생 철학을 전수한다. 매주 화요일의 만남, 그 자체가 사랑이다. 모리 교수에게 인생의 승자는 사랑하는 자다. 인생은 마치 고무줄을 당겼을 때와 같이 반대되는 양쪽이 팽팽하게 긴장된 밀당을 한다. 반대쪽의 긴장감 속에 우리 대부분은 그 어느 중간에 살아가고 있다. 마치 레슬링 경기를 하는 것처럼 경기장 중간에서 이리저리 떠밀리게 된다.

"그럼 과연 어느 쪽이 이기나요?"

미치의 질문에 모리 교수는 온화한 미소를 지으며 말한다.

"언제나 사랑이 이기지."

결국, 인생의 승기는 사랑이 꽃피우는 쪽으로 꽂히게 된다.

사랑이면 다 된다는 말, 결코 쉽지 않다. 내 아이의 태명이 사랑이었다. 그런데 두 번이나 잃었다. 더 이상 잃고 싶지 않아 소망으로 바꾸었다. 태명이 사랑에서 소망으로 바뀌니 아이가 태어나더라. 그만큼 사랑은 어려운 것이다.

하지만 소망이 내 품에 들어오면서 사랑이 함께 왔다. 그리고 그 사랑으로 다시 소망을 품게 된다. 그렇게 나는 사랑이라는 것을 배워간다. 매일 지지고 볶고 전쟁이 따로 없지만 모성이라는 정체 모를 사랑이 항상 나를 따뜻하게 데워준다. 보고만 있어도 실없이 웃으며 입이 벌어지는 사태. 진짜 바보같이 그런다. 대체 왜 그런 걸까?

가수 신효범이 했던 말이 떠오른다. 나이가 드니 자신과 비슷한 누군가를 세상에 남기지 못한 것이 아쉬워진다고. 하긴, 나랑 똑같이 생긴 녀석이 옆에서 왔다갔다 하는 걸 보면 시도 때도 없이 입이 벌어진다. 자식 사랑은 참 신기하다. 의도하지 않더라도 마르지 않는 샘물처럼 퐁퐁 솟아나는 걸 보면.

결혼하고 더 배우고 있다. 사랑하는 마음을, 그것도 내 방식이 아닌 상대의 방식으로.

"I like you just as well, only in a different way."
"나도 너만큼 좋아해. 다만 방법이 다를 뿐이야."

순수하게 세상을 바라보는 빨강머리 앤이 주옥같은 명언을 던진다. 사랑은 지천이다. 하지만 많다고 다 같지 않다. 모든 사람을 같은 방식으로 사랑할 수 없다. 내 방식의 사랑을 고집하면 나는 주었는데 상대는 받지 못한다. 그래서 사랑은 주는 것이 아니라 받았다고 느끼게 하는 것, 발신이 아니라 수신이다.

나라는 사람은 혼자 있어도 외롭지 않은 사람이다. MBTI 중 가장 고독을 덜 타는 유형이다. 그에 반해 남편은 누군가와 항상 함께 있어야 한다. 재밌고 말도 많은 데다 사랑의 언어까지 '함께하는 시간'이다. 연애할 때는 몰랐지만 결혼하고 나서 알았다. 우린 상극 중에 상극이란 것을. 신혼 초, 남편이 나의 심리적 공간까지도 침탈한다는 생각에 숨이 막혔다. 느껴보지 못한 영역까지 파고드는 남편이었다. 좋게 말하면 사랑의 용광로, 나쁘게 말하면 사랑의 독재자였다.

남편에게 나 역시 '이해가 안 될 정도'로 거리감이 필요한 사람이었다. 삐그덕 삐그덕 조정 기간이 끝나고 지금 우리는 중간 지점에서 만나고 있다. 서로에게 충분하지 않지만 적당하게 타협을 하며 사랑을 배워간다. 인간 대 인간의 진정한 친밀도, 사랑은 신기하다. 그냥 줘도 받지 못하고 받아도 불평일 수 있다. 새로운 것을 배워간다. 진정한 사랑은 상대가 느끼는 방식으로 해야 한다는 것을. 그리고 적당한 간격을 둘 때 비로소 둘 사이를 지나가는 바람의 살랑임과 물결의 출렁임을 느낄 수 있다는 것을. 사랑은 그렇게 지켜지고, 또 모든 것을 이긴다.

But let there be spaces in your togetherness,
And let the winds of the heavens dance between you.
Love one another but make not a bond of love:
Let it rather be a moving sea between the shores of our souls.

- 〈On marriage〉 Kahlil Gibran

함께 있어도 거리를 두라.
천국의 바람이 그대들 사이에서 춤출 수 있게.
서로 사랑하되 그 사랑으로 구속하지는 말라.
사랑이 두 영혼의 육지 사이에서 출렁이는 바다가 되게 하라.

- 〈결혼에 대하여〉 칼릴 지브란

인정

He was a different person completely

•

Papi - he was a different person completely. The music is floating from the air straight to his feet. He was the angel of dance. He was the blue moon shimmering in the night sky. He was everything that was mystery and magic and it was during these fiestas that I love my Papi so much that I could see what Mami saw - a dreamer, not a drinker - a dancer, not a drunk.

-《The color of my words》Lynn Joseph, Joanna Cotler Books

○

아빠는 완전히 다른 사람이 되었어요.
음률이 아빠의 발끝으로 흘러 들어가요.
음악과 하나가 되는 아빠의 모습에서 천사가 보여요. 댄스 천사.
밤하늘에 희미하게 빛나는 푸른 달 같아요.
아빠는 마술처럼 신비로움 자체가 되어버렸어요.
축제 기간이면 이런 아빠의 모습에 반해서 엄마만이 알아보았던 아빠의 참 모습을 볼 수 있답니다.
아빠는 더 이상 알콜중독자가 아니에요. 꿈꾸는 사람이며 멋진 댄서죠.

-《내 글의 색깔》린 조세프

* 함께 읽으면 좋은 책 *

《Playing from the heart》 Peter H. Reynolds

인정 Acceptance

기억 속 시공에 기대어 현재를 수긍하기

삶의 반대는, 죽음이 아니라 제대로 살아내지 못하는 삶인 것 같다. '평범한' 일상이 더 이상 소유되지 않는 비어 있는 삶. 나의 아버지는 그런 삶을 살아가신다. 치매라는 병은 참으로 고약하다. 병을 앓는 사람뿐만 아니라 함께하는 가족들의 머릿속을 휘저어 놓는다. 환자를 돌보는 힘겨운 하루가 그동안 쌓아온 추억을 단번에 흩어버린다. 점차 환자에 대한 기억이 바뀌고 조금씩 좋은 기억들이 탈색되어 본래의 빛깔을 잃어간다.

이른 아침부터 전화벨이 요란하게 울린다. 친정엄마로부터의 전화, 직감상 긴급함이 실려 있다. 난생처음으로 긴급 구조대원과 통화를 했다. 부산에서 홀로 서울까지 올라와 배회하던 아버지가 시민의 신고로 경찰, 구급대의 손을 거쳐 응급실로 보내졌다. 하루 종일 굶어서 탈진한 채, 여관방에서 일어나지 못하셨단다. 아버지의 눈물 나는 자수성가의 기록이, 피땀 어린 인생이, 이제는 쇠약해진 몸과 마음에 갇혀서 방황하는 모습이 애처롭다. 사람의 인생이 이렇게 연약한 것을. 스러져가는 인생의 길목에서 나 역시 비껴가지 못하는 모습이 될 수도 있다는 생각이 든다. 슬픈 영화의 예고편이 눈앞에 펼쳐지는 것 같아 마음이 복잡하다.

응급실로 내달렸다. 침대에 축 늘어져 있는 아버지는 행색이 말 그대로 거지꼴이다. 뜨거운 땡볕에서 서울 거리를 배회하다 갑자기 내린 소나기를 쫄딱 맞으셨다. 아버지는 무엇을 그렇게 찾아 헤매셨을까? 인생을 채울 수 없어 마음을 비워버린 것인지. 잃어가는 아버지의 기억은 평생토록 쥐고 있던 딱 한 가지에 멈춰있다. 돈. 벌. 기. 아버지의 인생 숙제, 돈 벌어 가정 건사하기. 정신이 멀쩡하지 않은 지금조차도 그 인생 숙제를 하겠다고 아등바등하고 계신다. 끊임없이 복권에 집착하는 아버지는 1등 당첨되었다고 서울에 돈 찾으러 와서 근육이 유실되는 병이 드러났다. 누워계신 아버지를 맞닥뜨리고 여러 감정이 교차한다. 얽혀버린 머릿속에서 꼭 해야만 할 것 같은 말을 뽑아낸다. 한 번쯤 꼭 해야 했으나 그동안 품고만 있었던 마음.

"아빠 덕분에 우리 가족 너무 잘 살았어요. 우리 잘 커서 다 결혼하고 곧 막내아들도 결혼 앞두고 있잖아요. 고마워요. 근데 이제 벌어서 갖다주려고 하지 않아도 돼요. 아들한테 더 안 주셔도 된다고요. 충분히 하셨어요. 우리 삼남매, 다 아니까 이제 안 해도 돼. 이렇게 힘들게 올라오지 않아도 된다고요."

내 말을 알아들으시는지 아버지의 눈에 눈물이 한가득 고인다. 무거운 책임감을 게워내듯 눈물방울이 뚝뚝 떨어진다. 하지만 병원에서 나오면서 당신의 숙제를 기어이 떨구어내지 못한다. 하루 묵은 허기를 채우는 밥상 앞에서도 당첨금 찾으러 은행에 가야 한다는 말을 무한 반복하신다. 기억 저편에 멈춰버린 아버지의 시계, 돌릴 방법이 없어 가슴이 먹먹하다. 아니, 아려서 눈물이 난다.

《달러구트 꿈 백화점》에서 미래의 시간을 가져간 첫째 제자는 결국, 미래만 생각하느라 과거의 추억들을 몽땅 잃어버린다. 소중한 기억들이 안개로 흩어져 친구와 가족도 알아보지 못한다. 사랑하는 사람들과 쌓은 시간이 사라지자 무엇을 위해 미래를 꿈꿔왔는지 기억조차 못 하게 된다. 요즘 신조어처럼 유행하는 파이어족(FIRE: Financial Independence Retire Early)이 떠오른다. 악착같이 살아내는 현재를 담보로 넉넉한 재정 자립 후, 일찍 은퇴해서 미래를 여유롭게 살아가려는 사람들. 미래를 품고 오늘을 살아가는 사람들이다. 한편으로 부럽긴 하지만 사뭇 조심스럽다. 자칫 현재의 허리띠를 너무 졸라매다가 깊은 주름 자국만 패일 수 있어서다. 아버지에게 구겨진 시간, 그 양과 정도를 가늠해볼 수 있을까? 걱정스레 당신이 품었던 과거의 시공을 가만히 끄집어올려 본다.

우선, 나의 꿈을 지켜주었던 아버지의 따뜻했던 속정이 떠오른다. 현재의 버거운 시간으로 그동안 기억 저편에 묻혀버렸던 아버지의 음성이 들린다.

"네가 원하면 아빠가 도와줄게. 끝까지 해봐!"

나의 꿈이 격려 받던 그때, 아버지가 서 계신다. 나의 미래를 든든하게 지켜주신 분이다. 이제는 현재가 된 나의 시간 속에, 아버지는 초라한 치매 노인으로 멈춰 있다. 반면, 과거의 프리즘에 통과된 아버지는 무지개빛 따스함이다. 나를 향해 찬란하게 분사된 그 따뜻한 시선은 내 현재의 꿈을 비춰주었다.

어쩌면 아버지에게 지금 필요한 것도 바로 그 시선인 것 같다. 아버지의 굳어버린 현재를 따뜻하게 바라보기. 자꾸 시야가 가리지만 어떤 모습이든, 시공을 초월하여 변하지 않는 나의 아버지임을 인정해야겠다.

The old dog barks backwards without getting up.
I can remember when he was pup.

- 〈The span of life〉 Robert Frost

저 늙은 개 일어나지도 않고 고개만 돌려 짖네.
재가 새끼 강아지였을 때가 난 생생하게 기억나는데.

- 〈한평생〉 로버트 프로스트

He was just lonely

•

The boy said goodbye and floated away. But as he looked back, the penguin looked sadder than ever. It felt strange to be on his own... and the more he thought... the more he realized he was making a big mistake. The penguin wasn't just lost. He was just lonely. Quickly he turned the boat around and headed back to the South Pole as fast as he could.

- 《Lost and Found》 Oliver Jeffers, Philomel Books

○

소년은 작별인사를 하고 배를 돌렸어요.
뒤로 돌아보자 펭귄은 그 어느 때보다 슬퍼 보였죠.
혼자 집으로 돌아가는 게 어색했어요.
소년은 생각하면 생각할수록, 더 깨닫게 되었죠. 내가 큰 실수를 했구나.
펭귄은 길을 잃어버린 것이 아니었어요. **단지 외로웠던 거예요.**
소년은 재빨리 배를 돌려 빠른 속도로 남극으로 향했어요.

- 《분실물》 올리버 제퍼스

따뜻한 시선으로 인생길에 떨어진 삶의 조각 찾기

어느 형제가 있었다. 치매를 앓는 동생을 형이 정성으로 돌보았다. 가족들도 힘들어 손 놓아버린 동생을 끝까지 옆에서 지킨 형에게 어느 날 갑자기, 동생이 말했다.

"형, 그동안 나 안 버리고 끝까지 잘 돌봐주어 고마웠어. 내가 형을 너무 힘들게 해서 미안해. 그래도 나한테 잘해준 형, 고마워. 정말 고마워."

동생은 멀쩡한 정신으로 그동안 마음에 품어왔던 말을 쏟아 놓았다. 그리고 한 달 후, 조용히 눈을 감았다. 코끝이 찡하다. 남 일 같지 않아 더하다. 오늘도 부딪쳐야 하는 현실 앞에 여러 가지 생각이 든다.

무려 열 통이나 찍혀 있는 부재중 전화. 아버지에게서 걸려 온 전화다. 예전에는 부모와 떨어져 서울로 간 딸 걱정에 하루에도 몇 통씩 전화하셨다. 이제는 자기 안에 갇혀 당신이 하고 싶은 말만 무한 반복하기 위해 수시로 전화통을 붙드신다. 복권에 이은 아버지의 핸드폰 집착. 엄마의 분노와 한숨이 한동안 하늘을 찔렀다. 줄줄 새어 나가는 돈 때문이다. 아버지는 약정이 끝나기도 전에 핸드폰을 자꾸 잃어버렸다고 다시 개통하신다. 새로 산 핸드폰이 몇 대인지 모른다. 휴대폰 매장에 찾아가서 치매 노인이니 다음번에는 그냥 돌려보내 달라고 아무리 어필하여도 단칼에 거절한다.

"본인이 와서 해달라면 어쩔 수 없어요."

고약한 상술로 자기 뱃속만 채울 뿐이다. 어쩔 수 없는 게 어디 있으랴. 잇속 챙기는 데 혈안이 된 이기심이 어쩔 수 없는 것이지. 새로 산 핸드폰으로 부지런히 전화하시는 아버지. 동생은 나름의 터득한 전략을 말해준다.

"언니, 전화 받지 마. 한 번 받으면 계속 전화하셔."

《할머니의 금붕어 뽀뽀》에서 기억을 잃어가는 할머니의 모습이 아이의 시선으로 그려진다. "우리 귀염둥이!" 하며 행복한 시절을 함께 보낸 할머니가 이상해지기 시작한다. 모든 것을 잊어가는 할머니. 하지만 머릿속에서 지우지 않는 딱 한 가지가 있으니 바로 금붕어 뽀뽀다. 서로 마주 보면서 크게 "쪽" 소리 내며 함박웃음 짓던 손녀와의 추억이다. 할머니는 따뜻한 시절의 기억 한 뭉치를 내려놓지 못하고 끝까지 부여잡고 있다. 따뜻함은 지워지지 않는다. 정신을 놓아버린 사람에게도 지펴졌던 마음의 온기는 전달이 된다.

내가 아버지에게 허락하는 마음의 온도는 몇 도쯤일까? 마음을 데우고 있기는 할까? 이런. 죄스러운 탄식이 흘러나온다. 식어버린 내 마음이 오늘따라 더 시리다. 아버지 스스로 고립되신 지 10년이 되었다. 방에서 나오시지 않는 것이 시작이었다. 사업에서 힘든 상황을 겪은 후, 동굴 안으로 숨죽이고 들어가 술로 하루하루를 버티셨다. 여기저기서 원망의 불씨도 지펴졌다. 현실의 무게에 짓눌려 혼자의 시간 속에 뒤척이셨다. 어느 순간, 무언가에 대한 아버지의 집착이 시작되었다. 손을 뻗었을 때 잡아주는 사람이 없었던 아픈 기억을 내려놓지 못하시는 듯.

사람들의 식어버린 온기를 아직도 찾아 헤매고 계신 걸까? 아버지의 삶을 천천히 뒤로 밟아가며 떨어뜨린 삶의 조각들을 찾는다. 아빠 인생의 비어 있는 틈새, 계속 새고 있는 그 빈틈을 더듬어 찾는다. 외로움의 조각이 밟힌다. 인생의 길을 잃고 방황할 때 혼자 결과를 감당해야 하는 두려움, 그 끝은 결국 외로움이었다. 그냥 외로우셨던 거다. 남편이 말한다.

"전화 피하지 말고 받아. 안 받으니까 계속 전화하시는 거야."

동생과 정반대의 전략이다. 하루 종일 울리지 않는 아버지의 핸드폰. 사람들은 아버지의 전화를 받지도, 걸지도 않는다. 아무짝에 쓸모도 없어 보이는 핸드폰을 쥐고 놓지 못하시는 이해할 수 없었던 행동. 외로움의 입자가 만져진다. 암호 코드가 풀

리듯 이제야 번쩍 정신이 든다. 외로움이었다. 새벽부터 전화벨이 울린다. 아버지다. 따지고 계산할 틈이 없다. 냉큼 전화를 받아 들었다.

"아빠, 잘 잤어요?"

"응. ㅇㅇ 전화번호 뭐니?"

수도 없이 물어보는 사람들의 전화번호. 오늘도 아버지는 사람들과의 접속을 애타게 갈망하고 있다. 전화번호를 어떻게 저장하는지도 모르시면서. 그렇게 찾고 헤맬 때는 잡아드리지 못한 손, 이제라도 잡아드려야겠다. 따뜻한 시선으로 이해하며 마음의 불씨를 다시 지펴야겠다.

"We cannot keep on alone, even along a path that we can take with a smile. We can keep on if we are together, even along a path we take in tears."

"혼자서는 갈 수 없다. 웃으며 가는 길이라도. 함께라면 갈 수 있다. 눈물로 가는 길이라도." - 박노해

You are my most valued possession

•

She-Who-Is-Alone loved her warrior doll very much. She thought of the mother who made the doll, of the father who brought the blue feathers. It seemed long ago that they had died from the famine. Her doll was the only thing she had left from those distant days. "People must sacrifice. When sacrifice is made, drought and famine will cease. Life will be restored to the Earth and to the People!" She held her doll tightly to her heart.

"You are my most valued possession. It is you that the Great Spirits want. Please accept it." The ground was covered with flowers - beautiful flowers as blue as the feathers in the hair of the doll. There was no doubt about it. The flowers were a sign of forgiveness from the Great Spirit.

From that day on, the little girl was known by another name 'One-Who-Dearly-Loved-Her-People.'

- 《The legend of Bluebonnet》 Tomie dePaola, Puffin Books

ㅇ

'외로운 소녀' 라는 이름을 가진 아이는
전사 인형을 매우 사랑했어요.
인형을 만들어준 엄마와
푸른 깃털을 꽂아준 아빠를 생각할 수 있기 때문이었죠.
소녀의 엄마 아빠는 오래전 기근으로 돌아가셨어요.
인형은 추억이 남은 유일하게 물건이에요.
"사람들이 무엇인가 신에게 자기 것을 희생하여
제물로 바쳐야 한다. 그래야 가뭄과 기근이 멈출 것이며
이 땅에 생명이 싹트게 될 것이다."
소녀는 인형을 가슴에 꽉 껴안았어요.
"너는 내가 가장 아끼는 물건이야.
그래서 신이 원하는 건 바로 너인 것 같아.
부디 이 인형을 제물로 받아주세요."
곧 땅이 꽃으로 가득해졌어요.
인형 머리의 깃털처럼 푸르른 아름다움이었죠.
분명히 푸른 꽃은 신이 내려준 용서의 표시였어요.

그날부터 소녀는
'신의 부족을 진심으로 사랑한 소녀'라는 이름으로 불리게 되었어요.

-《블루보닛의 전설》 토미 드파올라

포용
Embracement
더 넓은 원 그리기

"여보, 내가 당신 사랑하는 거 알지?"

한결같다. 신기하다. 해바라기 같은 남편, 연애 시절부터 지금까지 똑같다. "여보, 두 남자가 당신 응원하는 거 알지?"

이제 두 배가 되었다. 아들까지 꾸러미로 묶어 마음을 푹 적셔준다. 해바라기가 뜨거운 태양을 끊임없이 좇듯이 남편은 하나님을 사랑하고, 사람을 사랑하는 마음이 남다르다. 연애 시절 불꽃처럼 타오르는 사랑이 부담스러웠다. 어차피 변할 인간의 마음, 확 타오르는 사랑이 진정성 없어 보였다. 강하게 밀어냈다. 그런데 이런, 나의 오판이다. 사람마다 가진 은사가 다른데 이 사람은 사랑의 은사를 품고 있다. 나의 냉랭한 마음을 항상 녹이고 데워준다. 소소한 것까지 세심하게 신경 써주는 섬김의 은사. 그것이 남다른 남편에게서 나는 사랑의 여러 가지 모습을 배운다.

남편 덕에 아버지가 달라지고 있다. 아버지의 힘겨웠던 부산 - 서울 복귄 여행 후 내 마음도 달라졌다. 피하지 말고 받자. 전화를 받았더니 애타게 울리던 전화가 잠잠해졌다. 신기하다.

그러고 어느 순간 남편과 아버지는 베스트 프렌드가 되어 있다.

"장인어른, 식사는 하셨어요? 거기 날씨는 어때요? 오늘 로뎀(주간 보호 센터) 잘 다녀오세요!"

"허허. 오늘은 전화를 안 하시네. 잘 지내시는지 전화 드려봐야겠어!"

"장인어른, 복권이 이번에도 '꽝' 이네요. 다음번에 또 사서 맞춰보고 전화 드릴게요."

남편은 아버지와 약속을 했단다. 일주일에 한 번 복권을 대신 사서 맞춰드리기로. 매주 사 들고 오는 복권이 안 되면 덩달아 아쉬워하며 전화기를 든다. 지치지 않는 꾸준함은 국보급이다.

"이러다 진짜 복권 당첨되면 어떻게 하지?"

하며 미리부터 김칫국도 들이킨다. 복권으로 둘은 대동단결이다. 여느 때처럼 남편 핸드폰이 울린다. 복권 사라고 혹은 당첨 번호 불러주려는 아버지의 전화다. 그런데 대화 내용이 예상 밖이다. 남편의 목소리에 기분 좋은 당혹감이 묻어난다.

"네? 그냥 전화하셨다구요? 하하. 네네. 여기 날씨 좋죠."

복권 사라는 독촉 전화가 아니다. 적으라고 번호를 부르지도 않는다. 그저 안부 전화다.

남편의 당혹감에 나는 고마움보다 미안함이 앞선다. 어쩌면 대부분의 사위들이 당연하게 생각하는 통화 내용이다. 남편은 이런 당연함을 지금껏 누리지 못했다. 나와 결혼하기로 마음먹은 순간부터 그리 환영받지 못했다. 한때 사업의 전성기로 호기로웠던 아버지는 내리막길을 걸을 무렵 남편을 만났다. 힘이 빠질 만할 때인데도, 남편의 표현을 빌리자면, 첫 만남부터 무섭게 몰아붙이셨단다.

"그래서 자네 어떻게 살 거야?"

돈의 흐름에 민감한 사업가의 계산기로 두드렸을 때 사윗감은 수지타산이 안 맞았다. 생전 처음 보는 여자친구 부모님 앞에서 땀만 삐질 흘리던 남편은 결혼하고 나서야 그때 손도 못 댔던 진수성찬이 눈앞에 아른거린다며 너스레를 떤다. 그 한정식집 꼭 한 번 더 가서 편안한 마음으로 배부르게 먹어야 한다나. 순탄하지 않았던 결혼의 산을 넘으며 남편이 오히려 나를 위로했다.

"내가 지금은 이렇지만 10년 후에는 장인 장모님이 '사위 덕분에 산다. 우리 사위 최고야!' 라는 말을 꼭 듣고 싶어. 그런 날이 오도록 노력할 거야."

오래도록 심금을 울렸다. 원망 대신 다짐이라니. 남편은 상한 마음을 쏟아놓지도 않았다. 그 사랑이 고맙고 고마웠다.

"When everything seems to be going against you, remember that aircraft takes off against the wind, not with it."

"모든 것이 당신에게 불리하게 돌아가고 있을 때, 항공기는 바람을 거슬러 이륙한다는 것을 기억하라." - 헨리 포드

남편은 지금 그 당시 다짐이 눈앞에 닿은 현실을 즐기고 있다. 장인도 장모도 인정하는 마음 착한 사랑꾼으로 탈바꿈했다. 세차게 불어닥친 바람을 모두 맞으며 활주로를 달려 이제는 두둥실 하늘을 날고 있다. 사랑의 연료를 태우며 안정적으로 운항 중이다. 세상에 당연한 것은 없다. 지금 옆에 있는 남편, 당연한 게 아니다. 남편에게 다시 한번 고맙다는 말을 전한다.

He drew a circle that shut me out
Heretic, rebel, a thing to flout
But love and I had the wit to win
We drew a circle and took him in!

-〈Outwitted〉 Edwin Markham

그는 원을 그려 나를 밖으로 밀어냈다.
나에게 온갖 비난을 퍼부으면서
그러나 나에게 사랑과 극복할 수 있는 지혜가 있었다.
나는 더 큰 원을 그려 그를 안으로 초대했다.

-〈원〉 에드윈 마크햄

The more he gave away, the more delighted he became

•

"Give a glittering scale to each of the other fish. You will no longer be the most beautiful fish in the sea, but you'll discover how to be happy." Carefully Rainbow Fish pulled out the smallest scale and give it to the little fish. A rather peculiar feeling came over the Rainbow Fish. The Rainbow Fish shared his scale left and right. And the more he gave away, the more delighted he became. Finally the Rainbow Fish had only one shining scale left. His most prized possessions had been given away, yet he was very happy.

-《The Rainbow Fish》Marcus Pfister, North South Books

○

"네 반짝이는 비늘을 다른 물고기들에게 한 개씩 나누어 주거라. 그럼 너는 더 이상 바다에서 가장 아름다운 물고기가 되지는 못하겠지만 지금보다 훨씬 행복해질 수 있을 거야." 무지개 물고기는 조심스럽게 가장 작은 비늘 한 개를 뽑아서 꼬마 물고기에게 나누어 주었어요. 기분이 조금 이상했어요. 무지개 물고기는 반짝이는 비늘을 하나씩 뽑아서 여기저기에 나누어 주었어요. **나누어 주면 줄수록 기쁨은 더욱 커졌어요.** 마침내 무지개 물고기에게는 반짝이 비늘이 딱 하나만 남았어요. 가장 아끼는 보물을 나누어 주었지만 무척 행복했어요.

-《무지개 물고기》마커스 피스터, 네버랜드

* 함께 읽으면 좋은 책 *

《Thank you, Omu》 Oge Mora

《Lion lessons》 Jon Agee

《A chair for my mother》 Vera B. Williams

나눔

Sharing

기쁨으로 내어줄 때 잦아드는 온기

일주일간의 업무 정주행에 마침표를 찍는다. 긴장을 맘껏 풀어헤쳐 놓는 여느 금요일과 달랐던 그 날, 꽉 막히는 도로 위에서 온 가족이 밤길을 가르며 어딘가를 향하고 있었다. 퇴근 시간을 피해 조금 늦게 출발한다고는 했으나 여전히 서울 가는 길은 차로 빼곡하다. 그래도 따뜻한 마음 도장을 찍으러 가는 길이 가볍고 훈훈하다.

"At the end of the world there's a wilderness. Not so. At the end of the wilderness there's the world."

"세상의 끝에 오지가 있다. 아니다. 오지의 끝에 세상이 있다."

- 박노해

세상은 아직 온기가 있다. 아빠의 치매를 겪으며 더 느낀다. 제대로 걷지도 못하는 노인이 혼자 여기저기를 돌아다니다 주저앉아 있으면 여지없이 전화가 걸려온다. 일어나지 못하는 노인을 위해 시민들은 기꺼이 가던 길을 멈추고 시간을 내어준다. 아버지가 서울 길을 헤매다 병원에 실려 갔을 때도 그랬다. 침대 밑에 축축하게 젖은 옷과 함께 낯선 우산이 놓여 있었다. 비를 쫄딱 맞고 방황하는 노인에게 누군가가 우산을 씌워준 것이다. 엄마와 택시를 타러 가는 길에 털썩 주저앉아버린 아버지. 지나가던 아저씨 두 분이 부축해서 택시 안까지 태워 앉혀주고 유유히 사라지셨다. 그 온기를 이어 택시 기사 아저씨도 아파트 엘리베이터를 타고 집 안까지 아버지를 모셔드렸다.

아버지는 오지 같은 세상 속에서 수많은 천사를 만나고 계신다. 세상이 끝나버린 것 같은 우울증을 통과하고 정신이 온전하지 못한 채 홀로 척박한 오지를 걷고 계시지만 그 끝에서 끊임없이 천사를 만난다. 하늘에서 휘황찬란한 날갯짓으로 등장하지는 않지만 일상 속에 스쳐 지나가는, 이름도 얼굴도 없는 천사들이 오지 끝을 지키고 있다. 마치, 호밀밭 파수꾼이 아이들이 넘어지지 않게 호밀밭을 지키고 서 있는 것처럼 끝없는 안전망으로 받쳐지고 있는 느낌이다. 나눔의 온기는 전염성이 있어서 나도 그런 천사가 되고 싶다. 그러던 중, 기회를 만들었다.

"코로나로 자영업자들이 많이 힘든데 우리도 뭔가 도움이 될 만한 일을 해보는 건 어떨까? 코로나 때문에 지점 하나까지 처분하고 힘들어하는 후배 편의점에 들러 매출 좀 올려주고 오자!"

남편의 멋진 제안이다. 이찬수 목사님 설교를 듣고 실천의 힘을 내보기로 했다. 후배가 밤에 근무한다는 제보를 받고, 깜짝 방문을 결정했다. 아들 녀석도 신이 났다. 평소에 과자 구매 개수에 제한이 걸려 있던 터라 마음껏 과자를 쓸어 담아 올 생각에 친구들한테 자랑까지 했단다.

상계동까지 차를 몰았다. 한 시간이 넘게 피곤한 불빛들이 이어지는 도로였지만 괜찮았다. 가는 날이 장날이라더니, 아르바이트생만 혼자 매장을 지키고 있다. 후배가 금요일 밤부터 쉰다는 것을 나중에야 알았다. 생각해보니 차라리 잘된 일이었다. 영업 중인데 이것저것 챙겨주느라 더 신경 쓰였을 수도 있다. 미션 완수를 위해 대형 장바구니를 펼쳐 들었다.

"먹고 싶은 거 다 골라 담아!"

무장 해제다. 아들은 물 만난 고기 마냥 평소에는 담지 못했던 과자들을 골라낸다. 한참을 담아도 10만 원 채우는 게 쉽지 않다. 꾸역꾸역 목표한 금액을 채웠다. 나중에 친구가 그런다.

"야, 맥주를 담아야지!"

그 쉬운 방법을 몰랐구나. 편의점을 나오며 인증샷을 찍어 보냈다. 우리의 사랑과 나눔이 찍혔다. 따뜻했으면 좋겠다. 돌아오는 길, 몸은 천근만근 무거웠지만 마음만은 둥실 떠오른다. 밤늦게 집에 도착해서 아들은 평소보다 늦게 잠들었다.

다음날이 밝았다.

"엄마, 어제 사온 거 먹어도 돼요?"

편의점에서 담아온 과자 생각에 꿈에서도 헤매었는지 아들이 일찌감치 눈을 떴다. 잠까지 포기한 네가 진정한 승자구나. 네가 앞으로 살아갈 세상도 따뜻함으로 가득 차면 좋겠다. 너의 한 걸음이 나눔의 기쁨으로 채워지고, 기쁨이 스며든 과자 한 입이 너의 마음을 행복으로 채우는 날이 이어지길 바란다.

If you do good, people will accuse you of selfish ulterior motives.
Do good anyway.
The good you do today will be forgotten tomorrow.
Do good anyway.

-〈The paradoxical commandments〉 Dr. Kent M. Keith

당신이 선한 일을 할 때 사람들은 이기적 의도가 숨겨져 있다고 비난할 것이다.
그럼에도 불구하고 선한 일을 하라.
당신이 오늘 행한 좋은 일은 내일이면 잊힐 것이다.
그럼에도 불구하고 좋은 일을 하라.

-〈역설적인 계명들〉 켄트 M. 키스

They let go and soared

•

It was an autumn. In the hush of the forest a lone Yellow Leaf clung to the branch of a great oak tree. I'm not ready yet, thought the Little Yellow Leaf as a riot of fiery leaves chased and swirled round the tree, as the other leaves gathered into great heaps.
Days passed by and still the Little Yellow Leaf held tight. Alone. He searched the bare branches covered only with a shimmer of snow. Alone. And then, high up on an icy branch, a scarlet flash. One more leaf holding tight.
"You're here like me!" said Little Yellow Leaf.
"Will you?" asked the Little Scarlet Leaf.
"I will!" said the Little Yellow Leaf.
And one, two, three, they let go and soared. Into the waiting wind they danced. off and away and away.

- 《The Little Yellow Leaf》 Carbin Berger, Greenwillow Books

ㅇ

가을이 왔어요. 숲의 고요함 속에 노란 잎사귀 하나가 외로이 큰 떡갈나무 가지에 매달려 있어요.
작은 노란 잎은 '나는 아직 준비가 되지 않았어' 라고 생각했어요.
붉은빛이 타오르는 잎사귀들은 떨어지며 나무주위를 빙빙 돌았고, 함께 모여 큰 무더기를 이루었어요.
시간이 지나 작은 노란 잎사귀는 혼자 남은 채 나무에 꼭 붙어 있었죠. 그는 눈으로 살짝 덮여 있는 벌거숭이 나뭇가지를 둘러보았어요. 그러다가, 얼음처럼 차가운 가지 끝 높은 곳에 주홍빛의 잎사귀 하나를 발견했어요. 자기처럼 뛰어내리지 못한 잎사귀 하나가 나뭇가지에 붙어 있었어요.
"너도 나처럼 뛰어내리지 못했구나!"
"너, 뛰어내릴 거니?"
주홍빛 나뭇잎이 물었어요.
"응!"
작은 노란 잎사귀가 대답해요. 그리고… 하나, 둘, 셋!
그들은 나뭇가지를 놓고 **바람 속으로 날아올랐어요.**
춤을 추며 함께 저 멀리 멀리.

-《작은 노란 잎사귀》 카빈 버거

* 함께 읽으면 좋은 책 *

《The great eggscape》 Jory John & Pete Oswald

《The rabbit listened》 Cori Doerrfeld

《Leon and Bob》 Simon James

《A star of the zoo》 Virginie Zurcher

《Chester's way》 Kevin Henkes

《The giant jam sandwich》 Watty Piper

끈끈하게, 단단하게

구성원의 얼굴이 하나하나 눈에 담기는, 작은 모임을 좋아한다. 낯선 환경에 재빠르게 흡수되어 편안하게 나를 드러내는 것이 미숙한 까닭이다. 거대 집단의 모임은 오히려 기진함이 덜하다. 익명이라는 등 뒤에 숨어 에너지 소모가 덜하기 때문이다. 작지도 크지도 않은 어정쩡한 규모의 모임은 조촐한 단란함도, 군중의 익명성도 없어 대략 난감하다.

그냥, 작은 것이 좋다. 새로운 세계와 닿는 길목에서 에너지의 출렁거림을 최소화하기 위해 소모임 만들기를 즐겨 했다. 함께 묶인 단출함에 소속이라는 안정감을 더할 수 있어서 좋았다. 작지만 끈끈하게 교류되는 활력의 묘미도 느낄 수 있다. 결혼 전, 각종 모임을 주관하며 소규모 관계들이 양적으로 팽창했다. 갖가지 모임의 다양성을 향유하는 싱글만의 특권을 즐겼다. 그래서인지 늦은 결혼이었지만 지인 사진을 한 번에 다 찍지 못하고 신랑 측, 신부 측으로 나누어야 했다.

결혼 후, 헐거웠던 관계들이 우수수 떨어지고 자연스레 활동

망이 정리되었다. 외부로 가닿는 범위가 대폭 줄어들었다. 대신, 양적으로 측정되고 있는 관계의 피로도는 덜어냈다. 나를 정의하는 거점을 외부에 두는 오류를 범해서는 안 된다는 혜안이 생긴다. 수면 위에서 물결의 일렁임에 휘말리지 않으려면 나의 좌표를 잃지 않기 위해서 깊이 물 아래로 들어가는 작업이 선행되어야 한다. 운 좋게도 나와 함께 물밑으로 내려온 누군가가 분명히 있다. 많지 않아도 좋다. 내 인생의 질감을 바꾸는데 '함께' 할 몇 명의 동지면 충분하다. 독립하되 고립되지 않는 삶의 끈이 된다.

아들의 시간을 함께 공유할 수 있는 친구가 있다. 내가 임신을 하고 딱 두 달 후, 같이 배가 불러오기 시작했다. 우린, 고등학교 때 서로 다른 단짝이 있을 정도로 별로 끈끈하지 않았다. 멀리 지방에서 서울로 올라와 대학 생활을 하면서 굴곡진 이십대를 시작으로 옆에서 걷다 보니 관계의 밀도가 농후해졌다. 게다가 늦게 낳은 아이의 성별과 나이도 똑같이 겹쳐지는 그야말로 '합동' 관계가 되었다.

대화하기 좋아하는 남편과 친구, 만나면 삶의 광맥이 뚫린 듯 형형색색의 다채로운 이야기 조각들을 캐내어 나누느라 시간 가는 줄 모른다. 그녀의 남편은 아들에게 캡틴 아메리카다.

"내가 그렇게 잘생겼어? (Am I that handsome?)"

"물론이죠! (Yes, you are!)"

남편은 대화를 위해 영어를 배워야겠다고 하는데 말뿐이다. 영어 입이 트이면 대단한 수다가 오갈 듯하다. 어쨌든 친구가 동갑내기 아들을 키워내고 있다는 것 자체가 큰 힘이다. '같이'와 '공감'의 가치가 맞물려 그냥 든든하다.

지나간 어느 시점, 내 삶의 절단면을 같은 시공의 기억으로 포개어 맞출 수 있는 사람들이 소중해진다. 남들이 절대 알 수 없는, 우리만의 추억이 한 상 차려질 때, 뜨끈한 포만감에 겨워할 수 있다. 묵혀놨던 잡탕 기억 한 접시를 놓고도 만찬을 누릴 수 있다. 아련했던 기억의 양념들이 연쇄적으로 소환되어 혀끝으로 굴려보는 추억의 향미가 일품이다. 정체 모르게 떠도는 기억의 파편들도 조각조각 함께 맞추어가다 보면 진미가 우러난다. 단단하게 추억의 개수들을 채워갈 때 묘한 동지애가 솟구친다.

"호칭이 선생님이라 그렇지 우리는 전우예요! 베스트 오브 베스트 프렌드!"

"선생님들같이 보석 같고 아름다우며 깨알진 재미를 가진 분들 만나기 힘들어요. 제가 진짜 운이 좋았더라구요. 새삼 요즘 더 깨달아요."

신규 교사 시절을 함께 채워갔던 동료들이다. 23명의 교사가 한 학교에 새로 발령을 받았다. 엄청난 숫자다. 교육 현장도 지금과는 사뭇 다른 시절이었다. 그중 첫해부터 1학년 담임을 맡은 여섯 명의 전우들, 대나무 회초리부터 공동구매했다. 0교시 수업에서부터 야간자기주도학습까지, 도저히 자신의 시간을 사유화할 수 없는 혹독한 스케줄 속에 우리는 힘겨운 행군을 함께했다. 어설픈 신규의 희로애락을 공유하며 숨통 틔우기 생존 발악형 추억을 함께 지었다. 지금은 애 엄마, 애 아빠가 되어 육아와 일로 고군분투하며 또다시 나만의 것이 아닌 시간 속에 뒹굴고 있다. 하지만 툭 건드리면 추억의 열매들이 좌르르 쏟아진다. 설익은 시절 속에 함께 서 있었던 서로가 더욱 애틋하게 느껴진다. 함께여서 견뎌낸 전우애, 그냥 다져진 것이 아니다.

아들에게도 외롭지 않게 기댈 수 있는 친구를 만나는 축복이 있으면 좋겠다. 외동이라 형제자매를 선물해주지 못한 미안함이 언제나 마음에 걸린다. 그래서 친형제 못지않은 인생의 찐 동반자들을 만나는 것이 엄마로서 갖는 깊은 바람이다. 성경에서 만나는 다니엘과 세 친구처럼 서로를 끈끈하고 단단하게 묶어주는 인연이 아들에게 닿으면 더 바랄 것이 없겠다. 바벨론의 포로로 잡혀가 이방 땅에서 힘든 시절을 함께 견뎌낸 우정과 신앙, 그들을 버텨내게 한 '함께'의 힘을 아들도 누리기를 소망한다. 단 몇 명이라도 좋다. 끊을 수 없는 두터운 신뢰의 끈이 친친 감겨서 외롭지 않게, '함께' 하는 진국을 우려내는 삶을 진하게 맛보면 좋겠다.

I wish I were my real self again!

•

He felt he would be a rock forever and he tried to get used to it. He went into an endless sleep. The days grew colder. Fall came with the leaves changing color. Then it was winter. The winds blew this way and that. It snowed. Then the snows melted. The earth warmed up in the spring sun and things budded. Flowers showed their young faces. One day in May, Mr. Duncan insisted that his wife go with him on a picnic. "Let's cheer up," he said. Mrs. Duncan sat down on the rock. The warmth of his own mother sitting on him woke Sylvester up from his deep winter sleep. "You know, Father," she said suddenly, "I have the strangest feeling that our dear Sylvester is still alive and not far away." "I am, I am!" Sylvester wanted to shout, but he couldn't. If only he had realized that the pebble resting on his back was the magic pebble! "I wish I were myself again, I wish I were my real self again!" thought Sylverster. And in less than an instant, he was!

- 《Sylvester and the magic pebble》 William Steig, Simon & Schuster

ㅇ

실베스타는 다시 자신의 모습으로 돌아가지 못하고 영원히 바위로 변해 있을 것 같았어요. 끝없이 잠만 자게 되었죠.
날은 점점 서늘해지고 나뭇잎이 색색 물드는 가을이 왔어요. 그리고 겨울이 왔어요. 세찬 바람도 불고 눈도 내렸어요. 그러던 사이 눈이 녹았어요. 따사로운 햇살에 얼었던 땅도 녹고 새싹이 돋아났어요.
5월의 어느 날 아빠는 엄마에게 소풍을 제안했어요.
"힘 내요. 실베스타도 우리가 행복하게 지내는 걸 바랄 거예요."
엄마는 바위로 변한 실베스타 위에 걸터앉았어요. 엄마의 따뜻한 체온을 느낀 실베스터가 깊은 잠에서 깨어났어요.
"여보, 우리 실베스타가 아직 살아서 가까이 있는 느낌이에요."
엄마가 말했어요.
"엄마, 저 여기 있어요!"
실베스타는 소리치고 싶었지만 소리가 나오지 않았어요. 등위에 요술 조약돌이 놓인 것을 알았더라면 그래서 소원을 빌었더라면!
"본래의 내 모습으로 돌아가면 얼마나 좋을까.
진짜 내가 되게 해주세요."
실베스타는 속으로 중얼거렸어요. 그랬더니 바위는 순간 실베스타로 변했어요!

-《실베스타와 요술 조약돌》 윌리엄 스테이그, 다산기획

초연
Detachment

절망의 빛깔을 바꾸는 기적의 심폐 소생

남동생이 결혼한다. 참 마음을 많이 졸이고 아프게 했던 녀석이다. 언제나 미안함 한 뭉치, 짠함 한 뭉치가 달린 묵직한 마음이었다. 이제 남들 다 누리는 평범한 삶의 길로 들어선다니 짓눌렀던 그 마음 뭉치들을 내려놓으련다. 동생의 결혼은 4년 전만 해도 꿈결같은, 아니 아예 불가능한 일이었다. 친정엄마가 아이 양육을 도와주시겠다고 우리 집에서 함께 지내고 있던 어느 날이었다. 아무 일이 일어날 것 같지 않던, 기색조차 없었던 그 날의 저편에서 동생은 생사를 넘나들고 있었다. 난데없이 울린 한 통의 전화가 일상의 잔잔함을 찢어냈다.

"ㅇㅇㅇ 어머님 맞으시나요? 지금 아드님이 심정지가 되어 심폐 소생 중인데 반응이 없어요. 부산대 병원이에요."

마른 하늘에 날벼락은 이럴 때 쓰는 말인가 보다. 심정지 후, 골든 타임이 5분이라던데 40분이 넘게 깨어나지 않는 동생.

"깨어나더라도 정상적인 생활을 할 수 없을 겁니다."

일상인으로서의 삶이 거세되는 사형 선고를 받았다.

평소 허리가 좋지 않았던 남동생은 여느 때처럼 스포츠 마사지를 받으러 갔다. 마사지사가 상태를 보고는 침을 한 대 놓았다.

"심장이 타들어가는 것 같아요!"

동생은 가슴팍을 부여잡고 푹 쓰러졌다. 다급해진 마사지사는 축 늘어진 동생을 자차에 태워 병원 응급실로 직진했다. 그는 최선을 다했다고 하지만 기가 찰 노릇이다. 마사지숍에서 의료 행위라니. 게다가 일 분 일 초를 다투는 긴급상황에서 119를 불러 응급처치를 하지 않고 길에서 20분을 허비해버리다니. 이미 골든 타임은 지났다. 뒤늦게 도착한 응급실에서 전기 충격기를 갖다 댔지만 동생의 심장은 반응이 없다. 모든 상황을 듣고 가슴이 무너졌다.

중환자실 앞에서 환자의 이름과 나이를 확인했다. 70, 80대 어르신들 사이에 유일하게 끼어있는 청년의 숫자가 마음을 날카롭게 칼질했다.

'아, 이제 일어나도 예전처럼 누나를 알아보지도 못하겠구나. 아니, 다시 얼굴이라도 볼 수 있는 걸까?'

저온 치료로 차디찬 몸을 늘어뜨리고 있는 모습에 가족의 울부짖음이 더해졌다. 토해내듯 분출되어 여기저기 널려진 감정들을 어느 정도 추스르고 난 후 마사지사를 만났다. 앞길 창창한 청년의 인생에 난데없이 브레이크를 건 죄인 마냥 고개를 떨구고 있다.

"죄송합니다. 제가 아드님 병원비 다 내겠습니다."

병원비는 차치하고 불법 영업으로 인해 벌어진 일에 대한 뒷감당이 더 무거운 판이다. 붙들고 늘어져, '내 아들 돌려내라!' 원망을 퍼부을 수 있는 상황이었다. 그런데 놀랍게도 엄마는 이미 슬픔에서 눈물을 걷어냈다. 건조하지만 침착하게 말을 이어갔다. 대답이 만사 초월한 신선계 등급이다.

"일어날 일이 일어났다고 생각해요. 그냥 장소가 마사지숍이었던 거죠. 우리 아들이 혼자 있다가 쓰러졌으면 병원에도 못 왔을 거예요. 저희가 보험처리하면 되니 병원비 걱정 안 하셔도 됩니다."

엄마의 초연함은 급히 주워 담은 당황, 절망, 우려, 분노를 완전히 봉인해버렸다. 그 길로 엄마는 집 근처 전통 시장에 들러 추어탕 재료를 사오셨다. 그리고는 거하게 한 상 차리셨다.

"잘 먹어야 살아내지. 환자 옆에 있으려면 우리가 몸보신 해야 된다."

이미 하늘의 기적을 소환한 듯 감정 정리를 다 끝낸 엄마, 경이로웠다.

신기하게도 상황의 소용돌이를 잠재운 초연함 뒤에 기적이 찾아왔다. 남동생은 지금 멀쩡히 살아 있다. 그날을 깨끗이 도려낸 것처럼. 물론 원인 모를 심정지가 재발될 것을 대비하여 수술을 감행해야 했다. 그 후로 결혼도 포기했다. 하지만 상상도 하지 못했던 오늘이 왔다. 동생의 모습을 있는 그대로 받아들여줄 미래의 배우자와 함께다. 그날의 결정타는 미세한 심장 박동이었다. 모두가 정지되었다고 생각했던 심장은 완전히 멈추지 않았다. 미세하지만 작은 떨림으로 심박질이 계속되고 있었다. 담당 의사도 신문에 날 일이라며 놀라워했다. 3일간 일어나지 않던 동생이 부활절 아침, 기적같이 눈을 떴다. 성경 속 이야기를 재현해놓은 덤의 인생이 선물처럼 안겼다. 절망이 기적으로 변하는 것은 손바닥 뒤집듯 한순간이었다.

> "Your own life, timid and standing high and growing, so that, sometimes blocked in, sometimes reaching out, one moment your life is a stone in you, and the next, a star."
>
> - 〈Sunset〉 Rainer Maria Rilke

> "때로는 막히고 때로는 도달하기도 하는 너의 삶은 한순간 네 안에 돌이 되었다가 다시 별이 된다."
>
> - 〈해질녘〉 레이너 마리아 릴케

돌처럼 막혀 있던 절망이 눈앞에서 깨어지고, 찰나에 기적이라는 별을 담았다. 우리 가족에게 감정의 소진도, 함몰도 일어나지 않았다. 절박함 속에 숨구멍을 터준 초연함이 바로 그 기적을 불러냈다. 당시에도, 그리고 아직도 모든 상황을 이해할 수 없다. 의료 과학으로도 해명되지 않는 것, 아무리 머리 굴려도 답이 없다. 그저 가슴으로 쓸어내리는 것이 다일 뿐이다. 이미 벌어진 일은 주워 담을 수도 없고 걱정하는 일이 반드시 일어나는 것도 아니다. 인생을 꼭 이해할 필요는 없는 것 같다. 그저 일어나는 대로 두고 그냥 받아들이는 것, 인생은 그런 건가 보다.

You don't have to understand life,
then it will become just like a feast.
Let everyday just happen to you
like every child in moving along
from every blow
is given many flowers
Collecting and saving them,
never enters the child's mind.

- 〈You don't have to understand life〉 Rainer Maria Rilke

인생을 꼭 이해할 필요는 없다.
하루하루를 그저 일어나는 대로 두면

인생은 축제가 될 테니까
길을 걸어가는 어린아이가
바람이 불 때마다 날아드는
꽃잎들을 받아들이듯
아이는 꽃잎을 주워
모아둘 생각 같은 건 하지 않는다.

-〈인생을 꼭 이해할 필요는 없다〉 라이너 마리아 릴케

She thought what a lucky old woman she was

•

Once there was an old woman who loved to name things. But she named only those things she knew she could never outlive. She didn't want to outlive any more friends. And she didn't want to risk that...
... The old woman thought a moment. She thought of all the old, dear friends with names whom she had outlived. She saw their smiling faces and remembered their lovely names, and she thought what a lucky old woman she was. "My dog's name is Lucky," she told the dog catcher.

- 《The Old Woman Who Named Things》 Cynthia Rylant, Clarion Books

○

옛날에 이름짓기를 좋아하는 할머니가 있었어요. 단, 자신보다 더 오래 살 수 있는 사물들에만 이름을 붙여주었지요. 친구들보다 오래 사는 것이 싫어서였죠. 더 이상 이별이라는 위험을 감수하고 싶지 않았거든요.
그녀는 잠시 생각했어요. 하늘로 먼저 보냈지만 오랜 친구들, 사랑했던 그들의 이름을 떠올렸어요. 웃는 얼굴이 기억나고 사랑스러운 이름이 생각나요. **자신이 얼마나 큰 행운을 누렸는지 깨달았답니다.**
"내 강아지의 이름은 럭키예요!"

-《이름 짓는 할머니》 신시아 라이런트

* 함께 읽으면 좋은 책 *

《The Robot and the Bluebird》 David Lucas

《Stick and Stone》 Beth Ferry

관계
Relationship

삶에 접선된 의미, 추억 짓기의 출발점

이름 짓는 할머니가 있다. 그녀의 차는 'Betsy', 의자는 'Fred', 침대는 'Roxanne', 집은 'Franklin'이다. 매일 누군가의 온기가 담긴 편지를 기다리지만, 슬프게도 그녀를 찾는 사람은 없다. 그저 남들보다 오래 살았을 뿐인데 어느 순간 혼자가 되었다. 상호 관계로부터 스스로를 단절시키며 사물에만 이름을 붙이는 그녀. 이별의 슬픔이라는 위험을 더이상 감수하지 않으려는 몸부림이다. 단단히 보호망을 치고 살던 어느 날, 작은 생명체 하나가 그녀의 삶을 똑똑 두드린다. 배고픈 강아지가 매일 꼬리를 흔들면서 찾아온다. 애처로운 마음에 강아지의 배를 채워주지만 이내 "Go home!"이라는 한 마디로 방어 기제를 내세운다. 하지만 매일 조금씩 그녀의 보드라운 마음 속살이 드러난다. 어김없이 와야 할 강아지가 보이지 않는 어느 날이다. 자신의 삶과 관련 없다고 생각했던 대상에게 걱정과 슬픔이란 감정을 살며시 들이민다. 이미 그 강아지는 이름 없는 존재가 아니다. 며칠째 보이지 않는 강아지를 찾기 위해 온 동네를 돌아다니던 할머니는 유기견 센터에 전화까지 건다.

"Have you caught any shy brown dog?"
"We've got a whole kennel full of shy brown dogs, ma'am. Was yours wearing a collar with its name on it?"

"혹시 겁많은 갈색빛 강아지가 있을까요?"
"여기 그런 강아지 넘쳐나요. 할머니 강아지에 이름표가 달려 있나요? "

강아지를 찾으려는 결단의 마음이 '나의' 강아지가 되어 돌아왔다. 직접 현장을 방문하여 꼬리를 흔드는 녀석을 안아 들었다. 이름을 지어주기로 결심하자 갑자기 자물쇠로 단단히 잠겨있던 기억의 문이 열린다. 헤어진 친구들의 이름, 그들의 웃는 얼굴, 함께했던 추억들이 한꺼번에 쏟아져 나오는, 창고 대방출이다. 다시 외로워질 수 있는 위험을 감수하려는 그녀에게 따뜻한 응원의 행렬이고 팡파르의 울림이다. '나는 얼마나 운 좋은 사람인가!' 입술을 비집고 터져 나오는 한마디의 깨달음과 동시에 강아지의 이름이 탄생하는 순간이다. 럭키(Lucky). 럭키를 안고 돌아오는 할머니의 삶에 새로운 첫 장이 열린다. 몸부림쳐서 막아내려 했던 외로움의 빗장을 열고 관계를 향해, 추억을 향해 삶을 전환하는 발걸음을 다시 내딛는다.

누군가의 이름을 부르는 것은 내 삶과 연결된 파이프를 통해 의미를 불어넣는 의식이다. 학기 초, 냉기와 온기를 품은 낯선 아이들이 한꺼번에 내 삶에 몰려든다. 번호와 지칭 대명사가 아닌 이름으로 부르기 전까지 학생들의 인생은 나와 맞닿아 있지 않아 유격이 생긴 듯 거리감이 있다. 그래서 사진첩에 얼굴과 이름을 붙여 외우고 다녔던 적도 있다. 신기하게도 이름을 부르기 시작하면 관계가 맺힌다. 이름 매칭에 진땀을 빼고 있는 내 모습에, "제 이름 뭐게요?" 하며 장난스레 먼저 다가오는 녀석들은 바로 내 삶에 통째로 접선된다. 접점이 생길 때 아이들과 추억 짓기가 시작된다. 이름은 그렇게 중요하다.

직업병의 일환인지, 내 아이 이름 짓기가 여간 어려운 일이 아니었다. 수많은 이름이 학생과 관련된 모든 데이터와 함께 저장되면서 이름에 대한 이미지, 선입견이 딸려온다. 특정 이름에 떠오르는 빛깔도 매년 달라진다. 멋진 이름을 골라내고 싶은데, 남편의 성이 독특해서 맛깔스럽게 입에 착 달라붙는 발음까지 고려해야 한다. 예쁜 이름을 붙이면 성과 부조화하고, 그냥 정하려니 그 이름의 이미지가 떠올라 아기 이름 짓기가 지체된다. 불러오는 배를 안고 수업에 들어갈 때면 학생들이 이름을 지어주겠다며 머리를 맞댄다. 장난스러운 녀석들, 결국은 기상천외한 이름만 늘어놓고 배꼽 잡고 웃기 바쁘다.

"선생님, 아기 이름 짓기 진짜 힘들어요!"

조리원을 나올 때까지 아들은 태명으로 불렀다. 남편은 태중에 있을 때부터 성경 속 인물 이름을 따서 '기드온'을 주장했지만 내가 거부했다. 자고로 사람의 인생은 끝이 좋아야지. 대안을 찾지 못해 머리가 지끈했다. 결국, 작명은 부모의 권한이라며 자유를 주셨던 시아버님이 나섰다.

"그렇게 짓기 힘들면 항렬이 있으니 그 뒤에 붙여서 골라봐. '서'로 시작하는 이름 만들면 돼."

이름 한 글자가 해결되었다. 나머지 하나만 찾으면 된다. 하지만 그것도 쉽지 않다. 출생 후 한 달 안에 이름을 지어야 신고를 하는데 마감일에 쫓기듯 아슬아슬 줄을 타며 신랑과 머리를 맞댔다. 고민하던 중에 성경 속의 한 구절에서 불이 켜졌다.

"But you are a chosen people, a royal priesthood, a holy nation, a people belonging to God, that you may declare the praises of him who called you out of darkness into his marvelous light."

- 1 Peter 2:9

"오직 너희를 택하신 족속이요 왕 같은 제사장이요 거룩한 나라요 그의 소유된 백성이니 이는 너희를 어두운 데서 불러내어 그의 기이한 빛에 들어가게 하신 자의 아름다운 덕을 선전하게 하려 하심이라."

- 베드로 전서 2:9

기이한 빛! 그래 그 빛이 되어라. 아들은 그렇게 천신만고 끝에 이름을 갖게 되었다. 아들아, 이름 짓기 너무 힘들구나. 엄청난 고민이 녹아든 이름처럼 빛이 되어라.

처음에는 어색했던 이름이 이제 입안에서 매끄럽게 굴러 나온다. 이름을 불러주면 씽긋 웃는 아기를 거쳐 이제 아들과의 추억이 제법 많이 지어졌다. 비단 내 아들뿐만 아니다. 내 삶에 다양한 정의를 내려주는 학생들과의 관계 맺음은 하루에도 몇 번씩 널을 뛰는 감정 노동이다. 아이들만 상처받는 것이 아니라 교사는 더하다. 일대 다수라 상처투성이가 될 수 있지만 그래도 힘을 낼 수 있는 것은 성장하는 아이들의 뒷모습 때문이다. 특히 담임교사로 학생들과 래포 형성이 잘되면 교과 선생님들에게는 보여주지 않는 학생들의 말랑한 모습을 볼 수 있어 재미지다. 가끔 그 반대의 습격을 받을 때도 있지만.

한 해 동안 그렇게 속을 썩였던 녀석의 다음 해 담임 교사로부터 연락이 왔다. 가장 고마운 선생님에 대한 글쓰기에서 전 학년 담임 선생님께 편지를 쓰고 상담 때 많은 이야기를 했다고 한다. 이렇게 곪았던 마음이 으쓱하는 추억이 되기도 한다.

수많은 관계 속에서 의미를 만들어가며 추억 짓기를 하는 우리의 인생. 관계를 통한 마이너스 경험에 대한 두려움 때문에 외로워지지는 말아야겠다. 의미가 되는 추억으로 충분히 상쇄되고 남는 플러스 기억만을 품으련다.

I shot an arrow into the air;

It fell to earth, I knew not where,

I breathed a song into the air;

It fell to the earth, I knew not where

Long, long afterward, in an oak

I found the arrow, still unbroke;

And the song, from the beginning to end

I found again in the heart of a friend.

- 〈The arrow and the song〉 Henry Wadsworth Longfellow

나는 공중을 향해 화살을 쏘았으나

화살은 땅에 떨어져 간 곳이 없었다.

나는 공중을 향해 노래를 불렀으나

노래는 땅에 떨어져 간 곳이 없었다.

세월이 흐른 뒤 참나무 밑둥에

그 화살은 성한 채 꽂혀 있었고

그 노래는 처음에서 끝 구절까지

친구의 가슴속에 숨어 있었다.

- 〈화살과 노래〉 H.W. 롱펠로우

I think I might cry, but I don't

•

All my life whenever I hurt myself, Mom would tell me, "It's just a scratch, my little man! You're too strong for anything to hurt you."
I would close my eyes and she'd open her arms to me and the pain would disappear just like that. Granma comes close to me and put her hands, then my hands on my heart. "She's there in your heart. She's not going anywhere."

I brush my knee with the tip of my finger, and the skin is all smooth, all new. I kick back my covers and look more closely and see that the scab is gone. It's turned into a scar without me noticing.
For a second I think I might cry, but I don't.

- 《The scar》 Charlotte Moundlic, Candlewick

○

내가 다칠 때마다 엄마의 목소리가 들리곤 해요.
"괜찮아 살짝 까진 거야, 우리 아들. 우리 아들은 씩씩하니까 뭐든 견딜 수 있어."
눈을 감으면 엄마가 팔을 활짝 열고 나를 안아줘요. 그렇게 아픔은 사라지죠. 할머니가 다가와 내 손을 할머니 손과 함께 나의 가슴에 올려놓아요.
"엄마는 너의 마음속에 있어. 항상 여기 있단다."

손끝으로 무릎을 쓸어내요. 보드랍게 완전히 새 피부가 돋아났어요. 이불을 박차고 일어나 자세히 들여다봐요. 모르는 사이에 딱지가 떨어지고 흉터로 남았어요.
잠시 **울컥했지만 난 울지 않았어요.**

-《무릎 딱지》 샤를로트 문드릭, 한울림 어린이 출판사

* 함께 읽으면 좋은 책 *

《The heart and the bottle》 Oliver Jeffers

《Nana upstairs and Nana downstairs》 Tomie Depaola

《Michael Rosen's sad book》 Michael Rosen

이별

Fairwell

새 살은 돋는다. 아프지만 옹골차게

어느 날 하나님께서 아기 천사에게 지상으로 내려가라고 명하셨다. 겁에 질린 아기 천사는 하나님께 되물었다.

"하나님, 사람들이 사는 지상에는 도둑도 많고 위험한 차도 많이 다니고 전쟁도 있다는데 제가 어찌 살 수 있겠습니까?"

그러자 하나님께서 응답하신다.

"너 혼자 보내는 것이 아니다. 너를 항상 지켜주는 수호천사가 기다리고 있을 것이다."

그런데 벌써 아기 천사가 하늘에서 땅으로 떨어지고 있었다. 다급해진 아기 천사는 하나님을 부르며 소리쳤다.

"하나님! 하나님! 수호천사의 이름을 가르쳐주셔야 만나죠!"

하나님께서 크게 웃으며 말씀하셨다.

"너의 수호천사의 이름은 '어머니'라고 부른단다."

너무나 유명한 이야기다. 순간 미소와 함께 마음이 따뜻해진다. 하지만 이내 마음이 아린다. 지상의 모든 아기 천사들에게 수호천사가 허락되는 것은 아니기 때문이다. 석사 과정 중이었다. 늦여름 논문자격시험에 뜬금없이 포함된 프랑스어 공부로 끙끙거리고 있었다.

'영어 교육 관련 논문을 쓰는데 왜 불어까지 공부해야 한담!'

여느 때처럼 툴툴대며 책을 붙들고 있었다. 그러다 존경하는 집사님 한 분과 통화를 하게 되었다. 불어불문학과 졸업에 박사까지 밟으셨던 분. 내게 사랑을 주시고, 존경의 마음을 담아 주신 분이다.

"논문보다 건강이 더 중요합니다. 꼭 건강부터 챙기셔야 해요!"

아이를 키우며 박사 논문까지 받으신 분의 가슴에서 끓어오르는 충고는 '건강이 우선'이었다. 그렇게 내 건강을 걱정하셨던 집사님께서 백혈병으로 1년 정도 투병하셨다.

결혼과 동시에 내가 섬기던 교회를 떠나 남편 교회로 예배를 드리러 오는 내가 그렇게 마음이 쓰이셨던지. 두 번의 유산을 겪고 힘겹게 아이를 낳아 키우는 모습을 온 맘 다해 응원하고 싶으셨는지. 지쳐 있는 나에게 넘치는 위로를 주고 싶으셨는지. 때마다 손편지의 따스함을 전해주신 분이었다. 백혈병 소식을 듣고 전화조차 드릴 수 없었다. 눈물이 왈칵 쏟아질 것 같아서다. 망설임 끝에 전화기를 들었다.

"부족한 저를 기억해줘서 고마워요."

역시나 목소리만 들어도 눈물이 뚝뚝 흘렀다.

"울지 말아요. 기도 제목이 뭐예요? 제가 기도해 드릴게요."

'아, 이건 뭐지? 이 분은 이 세상이 아닌, 하늘을 걷는 분이구나. 항암치료에 몸이 녹아내리실 텐데 어떻게 남을 위한 기도가 먼저 나올까?'

힘겨운 전화 통화 후, 어느 날 나는 에메랄드 탄생석 목걸이를 받았다. 내가 생각나서 은밀히 기도 짝으로 정하시고 예쁜 탄생석을 박은 목걸이 선물까지 보내주신 것이다. 나는 염치없이 투병 중이셨던 집사님께 마지막까지 사랑을 받는 호사를 누렸다.

'전화 한 번 더 드릴걸. 왜 그 쉬운 걸 못했을까?'

눈물이 날 것 같아서였다. 그런데 지금은 핑계가 눈물이 되어 하염없이 흐른다.

장례식장에서 집사님의 사진을 마주하는데 눈물이 터져 나왔다. 수도꼭지를 틀어놓은 듯 콸콸 쏟아졌다. 가족이 아닌 누군가의 죽음을 이렇게 슬퍼한 적이 있던가? 집사님의 남편과 두 아들이 상주 자리를 지키고 있다. 주일마다 아들과 가장 잘 놀아주던 형들이 까만 옷을 입고 서 있다. 담담해 보인다. 많은 상객들을 마주하며 잠시 눈물을 가슴속에 묻어 두었으리라. 마스크 뒤에 가려진 표정을 읽을 수는 없지만 함께 온 아들 녀석에게 보내는 눈빛과 목소리에서 반가움이 묻어난다.

"서율이가 왔구나!"

아들은 분위기를 보더니 가르쳐주지도 않았는데 푹하고 엎드린 채 기도를 한다. 순간 당황스러웠다. 나도 못 하는데 이 아이는 본능적으로 하는구나. 그리고 상주님들에게 미소까지 안겨주었다.

"아, 이거 사진 찍어야겠다. 오늘 서율이가 와서 집사님이 좋아하실 거야."

수호천사를 잃은 상주 아이들을 보며 마음이 안쓰러워서 꼭 안아주었다. 아들도 한 명 한 명 꼭 안아준다. 그 어떤 말로도 위로할 수 없어 말을 아꼈다. 나는 이 아이들의 슬픔을 이해할 수도 없고 그 눈물을 완전히 닦아줄 수도 없다. 어떤 위로나 말도 이들의 마음결에 젖어든 슬픔의 틈새를 메워줄 수 없다는 것도 안다. 그저 한 번은 거쳐야 할 부모와의 이별을 미리 겪게 되었다면 상처가 빨리 아물었으면 할 뿐이다. 장례식이라는 큰 행사를 치른 후 홀로 남겨질 아이들에게 마음이 쓰인다. 다시 하늘로 올라간 수호천사의 텅 빈 방을 보며 쪼개진 마음 사이로 그리움의 물줄기가 솟구쳐 오를 텐데. 그저 가물지도 않고, 홍수가 되지도 않기를 잠잠히 바랄 뿐이다.

메멘토 모리

목숨은 태어날 때부터

죽음의 기저귀를 차고 나온다
아무리 부드러운 포대기로 감싸도
수의의 까칠한 촉감은 감출 수가 없어
잠투정을 하는 아이의 이유를 아는가

-〈메멘토 모리〉 이어령

사랑하는 사람과의 이별, 나도 그 시기를 알 수 없다. 메멘토 모리. 죽음을 생각하면 내 아이가 먼저 눈에 밟힌다. 아픈 일이다. 하지만 새 살은 돋는다. 상처는 아문다. 먹먹한 마음에 잠시 딱지가 앉겠지만 차갑고 단단한 얼음장 밑으로 물이 흘러가듯 부드러운 새 살이 올라온다. 그 살이 옹골지게 차올라 처음보다 단단해지길 바라는 엄마의 시선을 가득 발라본다. 마음속에 있는 엄마를 만나기 위해 죽어라 뛰어 격렬한 심장 박동으로 엄마를 느끼는《무릎 딱지》의 어린 소년. 엄마와의 이별을 극복해가는 그 아이에게, 그리고 사랑하는 집사님의 아들들에게 찐한 토닥임의 약을 발라주고 싶다. 내 아이 역시 언젠가 이별을 겪게 된다면 누군가가 따뜻한 품을 내어주리라는 희망과 함께.

아들아, 엄마는 항상 너의 마음속에 숨 쉬고 있단다. 만일 예기치 않는 일이 언제가 닥친다면 아픈 건 당연하겠지. 하지만 때마다 너의 추억 바구니에 담긴 열매를 크게 한 입 베어 물어봐. 한가득 흐르는 즙과 퍼져가는 추억의 향기는 너를 일으킬 힘이 될 거야. 우리 아들, 새 살이 빨리 올라오도록 오늘도 추억 영양제 한 알, 마음 밭에 심어 놓으련다.

PART 002

삶의 뚜렷한 실루엣을 찾아, 나

‘아이’는 ‘엄마인 나’를 먹고 자라왔어요.

엄마 젖만 먹던 아이가

삶의 영양을 골고루 섭취할 수 있도록

품에서 살짝 내려놓아요.

그리고

더 줄 수 있는 엄마가 되기 위해

‘나’를 가꾸고 돌보려 합니다.

내 삶에 영양이 꽉 들어차 있지 않으면

아이도 나도 비틀거려요.

차고 넘쳐야 흘러갈 수 있잖아요.

‘나’라는 단어 뒤,

어떤 말을 쓰고 싶으신가요?

I noticed the stillness

•

And worries about the power outrage and what I might be missing drifted away. I wasn't thinking about my favorite shows, or my unanswered messages, or anything else, really. I noticed the stillness. The view. The sky. The clouds. The sunset. And those colors! My goodness. It took a while, because there was no fast-foward option, but eventually the sun sank below the horizon.

- 《The Couch Potato》 Jory John & Pete Oswald, HarperCollins

○

정전 때문에 화가 나거나 못하는 게임, TV 등에 대한 걱정들이 사라졌어요. 가장 좋아하는 TV 프로그램, 미확인 메시지 등에 매어 있던 생각이 멈췄어요. **고요함이 느껴졌죠.** 아름다운 풍경, 하늘, 구름, 일몰, 노을 빛깔이 보였어요. 빠르게 앞으로 돌리는 버튼이 없어서 시간이 좀 걸렸지만 결국 해는 수평선 아래로 저물어 가더라구요.

-《카우치 포테이토》 조리 존 & 피트 오스왈드

* 함께 읽으면 좋은 책 *

《The bad seed》 Jory John & Pete Oswald

느리지만 깊이 있는 머무름

필사는 머무름이다. 눈으로만 후루룩 읽고 넘기던 텍스트가 손끝을 타고 머리와 가슴에 깊이 머무는 과정이다. 그래서 느리다. 내 인생과 꼭 닮았다. 성격은 급한데 인생 속도는 이상하리만치 남들보다 한 템포 늦었다. 교직 입문도, 결혼도, 출산도, 대학원도 그리고 작가의 꿈도…. 하지만 나는 큰 불만이 없다. 어차피 늦은 거 천천히 꾹꾹 눌러 발자국을 깊이 남기고 싶을 뿐이다. 꾹꾹 눌러 담는 깊이감이 나는 좋다. 양보다 질, 다독보다 슬로우 리딩이 더욱 매력적이다.

슬로우 리딩을 통해 영어 필사를 만났다. 천천히 읽기 위해 필사를 시작했다. 눈에서 머리로 잠시 머무는 듯하다 휘발되어 버리는 읽기의 과정에 변화가 찾아들었다. 활자로 찍혀 언제나 익숙했던 언어들이 하나둘 마음에 찍히기 시작했다. 그냥 지나칠 수 있는 단어나 부호가 눈에 들어오고 가슴 찡한 좋은 문장들을 건져내는, 콩닥콩닥 신나는 보물찾기의 경험이 펼쳐지게 되었다. 느림의 미학이다. 주옥같은 표현, 문장, 장면에 머물러

곰곰이 그리고 깊이 생각한다. 텍스트에서 흘러나오는 말과 글이 개인적인 경험, 지식, 정서를 통과하며 나만의 의미로 삶의 결을 잡아준다. 행간의 울림과 감흥이 깊이 있는 성찰과 적용까지 가닿는다. 찾은 보물들을 나중에 꺼내 볼 수 있도록 기록으로 남기고 싶어졌다. 필사는 자연스럽게 나를 글쓰기로 이끌어 주었다.

원문 필사에 몰입할 수 있었던 것은 책 선정이 큰 몫을 한 것 같다. 첫 필사 책인 《The catcher in the Rye(호밀밭의 파수꾼)》. 원문을 읽다 번역본을 참고해보려 했으나 느낌이 너무 달랐다. 나중에 안 사실이지만 이 책은 원문을 제대로 살려낸 번역본이 없기로 유명했다. 어느 날, 남편이 옆에 치워져 있던 번역본을 집어 들어 후루룩 넘겨보더니 이렇게 말한다.

"이 책 왜 이렇게 건조해?"

주인공 홀든의 촉촉한 감성은 원문에서만 짜낼 수 있었던 것이다. 원문을 그대로 음미할 수 있도록 영어 공부를 해온 것에 감사한 순간이었다. 필사를 통해 한 권의 책이 내 마음속으로 오롯이 들어왔다. 그 책은 나만의 마음 책장에 꽂히게 되었다.

《단단한 영어 공부》에서 필사는 '텍스트 깊이 읽기'에 더 가깝다고 말한다. 손으로 쓰고 있지만 꼼꼼하게 읽는 것, 깊이 읽는 읽기 전략이다. 저자는 필사가 글쓰기와 엄연히 다른 활동이라고 선을 긋는다. 텍스트를 읽고 단기기억에 넣었다가 손끝을 통해 세상으로 내보내는 아날로그적 과정이기 때문이다. 창의적인 무언가가 빠져 있어 보인다. 하지만 나에게 필사는 깊이의 시작이었다. 깊이 읽기를 통해 생각과 글의 문이 열렸다. 활자를 통해 들어온 수많은 인풋들이 나의 생각과 만나고 이를 통해 광활한 정신의 공간 속에 의미있는 점들이 찍히고 연결되는 것을 경험한다. 생각의 닻에 무게가 실리며 흔들리는 중심을 잡아준다. 깊이가 묵직해지는 성찰. 허우적대다 보면 광활한 바다에서 월척을 건져내듯 맛있게 글까지 요리할 수 있다. 그 출발점이 필사다. 오늘도 나는 요리 하나를 뚝딱 해낸다. 천천히 깊이 있는 맛이 우러나길 바라면서.

◈ ◈ ◈

슬로우 리딩을 통해 영어 필사를 만났다.
천천히 읽기 위해 필사를 시작했다.
눈에서 머리로 잠시 머무는 듯하다
휘발되어버리는
읽기의 과정에 변화가 찾아들었다.

나에게 필사는 깊이의 시작이었다.
깊이 읽기를 통해 생각과 글의 문이 열렸다.

For once, I found time for me

•

I was alone. Out there, on the road, under the stars, I really tried to focus on myself and what I needed. I took walks. I read books. I floated in the river. I wrote in my journal. I found several moments to be quite. I breathe in. I breathe out. For once, I found time for me, and guess what, little by little that cracks in my shells started to heal. My head no longer felt scrambled. I started to feel like myself again.

- 《The good egg》 Jory John & Pete Oswald, HarperCollins

○

나는 혼자가 되었어요. 익숙한 곳을 떠나 외부 세계에서 나 자신, 나의 필요에만 집중하려 노력했죠. 걷기도 하고 책도 읽었어요. 수영도 하며 일기도 썼어요. 잠잠한 시간을 가지며 숨을 들이마셨어요. **처음으로 나만을 위한 시간을 가졌어요.** 조금씩조금씩 금이 갔던 부위가 낫기 시작하는 것 아니겠어요? 더 이상 머리가 쪼개질 듯 아프지 않았어요. 다시 진정한 나를 찾는 느낌이 들기 시작했죠.

-《좋은 달걀》 조리 존 & 피트 오스왈드

* 함께 읽으면 좋은 책 *

《Five minutes' peace》 Jill Murphy

회복
Resilience

나를 돌보는 자발적 고독, 리부트!

엄마가 되는 것, 내 꿈이 아니었다. 아이를 낳고 난 후 이 힘든 일을 꿈으로 삼지 않은 것에 안도하며 가슴을 쓸어내렸다. 임신부터 어려웠고 낳은 후에는 힘들어 죽을 뻔했다. 귀가 닳도록 들어온 출산과 양육의 수고를 직접 경험하기 전까지는 몰랐다. 엄마의 체력과 아이의 성향에 따라 육아의 강도는 천차만별이지만 딱 한 가지 공통점이 있다. 기본값이 자기희생이라는 점이다. 한평생 내 것이라 여겼던 것들이 한순간 아이에게 귀속된다. 여전히 무의식적으로 본전 찾기를 하고 있는 나. 그런 나를 툭 건드리는 수많은 예측불허의 상황들. 좋은 엄마냐 나쁜 엄마냐의 갈림길에서 매일 팽팽한 대치와 갈등을 겪는다.

늦은 나이에 아이를 출산하고 기가 쪽 빨렸다. 노후된 엔진으로 예전과 똑같은 출력을 기대하며 너무 막 쓴 느낌이다. 나의 24시간을 깔고 앉은 아이를 밀어낼 힘도 없었다. 다행히 엄마의 모든 것을 남김없이 빨아들인 아들이 점점 품에서 벗어나 세상을 향해 한 발자국씩 나아가고 있다. 탯줄을 끊는 순간부터 분리되는 연습을 잘 시키라는 말, 조금씩 알 것 같다. 서운함이 일렁이기도 하지만 잘 보내주는 채비를 한다. 엄마가 되는 순간 잃어버렸던 나를 조금씩 되찾는 시간을 빼내기 시작했다. 나는 누구였지?

나는 아침형 인간이다. 밤늦게까지 자지 않고 버티는 것을 힘들어했다. 공부는 밤이 아닌 새벽에 하는 작업이었다. 중학교 시절, 한 친구가 우리 집에 와서 시험공부를 하는데 덩달아 일찍 잤다가 새벽에 일어나지 못해 낭패를 보았다. 새벽에 아무리 흔들어 깨워도 일어나지 않는 친구를 보며 미안함과 동시에 사람마다 생체 리듬이 큰 차이가 있다는 점을 알았다. 대학교 때 엠티를 가서도 밤샘을 하며 노는 것이 곤욕이었다. 밤은 나의 영역이 아니었다. 그런 나를 뒤죽박죽 섞어 놓은 것이 출산이었다. 밤마다 한 시간 간격으로 울어제끼는 아이 때문에 밤을 지새웠다. 태어난 지 1년도 채 안 된 생명체가 평생의 일상 리듬을 깨끗이 도려냈다. 그 처절한 변화를 인지하지도 못한 채 서투른 육아에 쫓겼다.

아이가 품에서 조금씩 벗어날 무렵, 새벽 기상 모임이 눈에 띄었다. 심장이 펌프질을 해댔다. 새벽 세포들의 기억이 한꺼번에 쏟아져 혈류를 타고 온몸을 질주하기 시작했다. 모임 첫날, 뒤통수를 한 대 얻어맞은 듯 띵했다. 깨달음과 희열이었다. '야, 너 아침형 인간이야!' 맞다. 그게 나였지. 아무에게도 닿지 않은 새벽 공기를 놓치지 않고 들이키며 그 신선함에 전율하던 사람이었지.

설렘으로 새벽 여정에 재시동을 걸었다. 매일 아침 '나'를 만나며 리부트하는 시간이 쌓여갔다. 나를 위한 자발적인 고독. 혼자임(aloneness)과 외로움(loneliness)은 분명한 차이가 있다. 외로움은 주변에 사람이 있건 없건 느끼는 감정 영역이지만 고독은 의지적 선택이다. 내가 택한 새벽 시간은 쉴새 없이 흘러가는 일상 스케줄에 살포시 누르는 포즈 버튼이다. 그리고 그 안에서 나는 자유로워진다. 나를 돌보는 여행이 시작된다.

The world is made to be free in.
Give up all the other worlds
except the one to which you belong.
Sometimes it takes darkness and
the sweet confinement of your aloneness to learn
anything or anyone
that does not bring you alive
is too small for you.

- 〈Sweet Darkness〉 David Whyte

세상은 그 안에서 자유롭기 위해 존재한다.
다른 모든 세상을 포기하라

네가 속한 한 가지만 제외하고.
때로는 어둠이 필요하고
고독 속에 달콤하게 갇힐 필요가 있다.
누구든 무엇이든
너를 생기있게 하지 못하는 것은
너에게 너무 사소한 것이다.

-〈달콤한 어둠〉 데이비드 화이트

내 마음 켜켜이 쌓여 돌봐줘야 할 문제들이 구석에 박혀 있었다. 들춰내기가 시작된다. 아이를 낳은 후 꽂혀만 있고 열어보지 않았던 내 마음이 한 장 두 장 읽힌다. 장을 보러 가면 항상 아이 옷과 신발, 유아식이 먼저였고 도서관을 가도 아이 책을 들추었다. 내 삶에 거미줄같이 얽혀 있던 아이에 대한 생각을 거둬낸다. 그리고 한 곳에 밀어 붙여졌던 진짜 나의 마음에서 먼지를 털어낸다. 펼쳐보지 않은 신간들이 쩍쩍 소리를 내며 열리는 기분이다.

결혼 전 서점을 참 많이 다녔다. 책을 많이 읽지는 않았지만 책 냄새를 따라 어슬렁거리며 볼거리들을 눈에 담는 '여유'가 좋았다. 강남 교보문고는 회사를 다니던 시절, 직접 매장 오픈을 했던 곳이라 나의 최애 장소였다. 오픈 당시에는 신논현역도 없었고 한산해서 적어도 일주일에 한 번, 많으면 두 번씩 방문했다. 지금은 전철역이 서점 입구와 철썩 붙어버려서 광화문 교보와 다를 바 없이 갈 때마다 북새통이다. 언제나 과거는 장밋빛, 그때의 여유가 그립다. 엄마가 되고 나서 강남 교보 행차는 이제 연례행사가 되어버렸다.

누군가에게 엄마이고 누군가에게 아내이고 누군가에게 딸이고 누군가에게 며느리이고. 나에게 언제 이렇게 많은 타이틀이 붙어버렸는지. 나이 먹고 결혼을 하니 저절로 씌어지는 빼곡한 역할 가면들에 치인다. 아이로 인해 항상 나는 뒷전이다. 내 마음이 우선순위가 아니다 보니 다른 사람 마음까지 챙길 수도 없어 항상 날카로웠다. 언젠가 아들이 말한다.

"엄마가 너무 차갑게 말하는 거 같아요!"

잽싸게 말의 온도를 체크하며 과감하게 '차포 떼고!' 라는 말처럼 다 떼어내고 오롯이 나에게만 집중하는 시간을 가진다. 날카로움이 점차 무뎌지는 것을 발견한다. 내가 보인다. 나를 성찰하고 생각을 정리한다. 그리고 하루를 살아간다. 필요했던 것이 바로 이것이었구나. 나만의 시간. 누군가의 무엇이기 이전에 나는 나다. 나만을 돌보는 이기적인 시간은 꼭 필요하다. 나를 돌보는 것 같지만 남도 돌보게 되는 회복의 시간. 오늘도 나를 리부트한다.

Congratulations!

Today is your day.

You're off to Great places!

You're off and away!

You have brains in your head.

You have feet in your shoes.

You can steer yourself any direction you choose.

You're on your own.

You know what you know.

And you are the guy who'll decide where to go.

-〈Oh, the places you'll go〉 Dr. Seuss

축하해요!

오늘은 당신의 날이에요.

좋은 곳을 향해서 출발!

당신에게는 생각이 있어요.

당신에게는 발이 있구요.

어느 방향을 선택하든 당신이 조정할 수 있어요.

당신 혼자 가는 것이랍니다.

당신 스스로 무엇을 아는지 알고 있어요.

어디로 갈지 결정하는 사람은 바로 당신이죠.

-〈당신이 가게 될 곳〉 닥터 수스

Bit by bit, one step at a time

•

"Do you see that group of bushes?" Uncle said, pointing. "You need only to walk as far as those bushes. Can you do that?" Salva wiped his eyes with the back of his hand. He could see the bushes; they did not look too far away. When they reached the bushes, Uncle pointed out rocks ahead and told Salva walk as far as the rocks. Uncle continued in this way for the rest of the walk. Uncle helped him get through the desert that way, bit by bit, one step at a time. Perhaps Salva could get through life in the same way.

-《A long walk to water》Linda Sue Park, Houghton Mifflin Harcourt

○

"저 수풀 더미 보이니?" 삼촌이 손으로 가리키며 말했어요. "저 수풀 더미까지만 가면 돼. 할 수 있지?" 살바는 손등으로 눈을 닦아냈어요. 그리 멀지 않아 보이는 곳에 수풀이 보였어요. 수풀에 도달하자 삼촌은 앞에 있는 바위를 가리키며 저기까지 가자고 다독여주었어요. 이렇게 삼촌은 나머지 걸음을 계속 토닥여주었지요. **조금씩 한 번에 한 걸음씩** 그렇게 사막을 가로지르도록 도와준 거예요. 아마도 살바는 이와 동일하게 인생을 살아낼 수 있을 거예요.

-《우물 파는 아이들》린다 수 박, 개암나무

* 함께 읽으면 좋은 책 *

《Now one foot, now the other》 Tomie DePaola
《Mike mulligan and his steam shovel》 Virginia Lee Burton

성실
Diligence
오늘을 내딛는 한 걸음

인생의 한 걸음 한 걸음은 중요하다. 걸음마를 배우는 그 순간부터 내딛는 한 발 한 발로 내가 이루어진다. 그 걸음이 멈춰버린 적이 있다. 한때 나는 부모님의 기대를 짊어지고 주변 사람들의 인정이라는 뜨거운 공기가 주입되어 둥둥 떠올라있던 풍선이었다. 팽창하던 풍선이 어느 순간 빵! 하고 터져버렸다. 암흑 속에 갇혀 걸음을 멈췄다.

한동안 빛이 보이지 않는 깜깜한 터널에 몸과 마음을 가두었다. 그 과정에서 인생을 하나 배웠다. 누구도 나만큼 내 일을 심각하게 생각하지 않는다는 비정한 진실. 신앙에서 빛을 찾았다. 암막 하나가 툭! 하고 바닥으로 떨어졌다. 그리고 하나를 더 배웠다. 하나님에 대한 믿음, 그리고 나에 대한 믿음이 중요하다는 것을. 이 믿음으로 합리적인 조언과 주변의 반응을 거스를 수 있는 힘이 생겼다.

나의 영혼이 살아나면서 하고 싶은 일들이 생겨났다. 영어교사가 되고 싶었다. 잘 다니던 회사를 그만두고 유턴을 해야 하는 상황에 모두가 탐탁지 않은 반응을 보였다.

"무슨 소리야, 시집이나 가!" 하시며 엄마조차도 반기를 드셨다.

교원자격증이 없었기 때문에 사범대 편입을 해야 했고 그 후엔 임용고사라는 큰 산을 넘어야 했다. 첩첩산중이었다. 합리적으로 따져봤을 때 꿈의 가격이 너무 비쌌다. 모두가 반대했던 건 비현실적으로 비싼 꿈의 가격 때문이었으리라. 젊음 하나 달랑 가진 빈털터리가 비싼 꿈의 대가를 치르려면 가진 걸 전부 털어 넣어 대출을 받는 것 외에 달리 방법이 없었다. 젊음의 시간을 담보로 노력이라는 혹독한 이자를 감내해야 했다. 3년간 뿌렸던 눈물과 피땀이 버무려진 노력의 가치를 계산기로 두드려본다. 평생 방학이라는 시간을 배당금으로 받는다고 치면 투자 방향을 꽤 잘 잡은 듯하다.

"당신은 방학이 있어서 좋겠다."

남편의 부러움에 시간을 거슬러 길고도 무거웠던 나의 발걸음을 들이민다.

"꿈을 위해 확실성을 불확실성과 바꾸시겠어요?"

임용고사 0.6점. 한 사람의 인생을 저울질하여 쪼개내는 비정한 소수점 세계를 경험했다. 짠내나는 소수점 탈락 주인공이 되었다. 씁쓸했다. 애처롭게도 고시생 딱지가 붙었다. 눈물이 났다. 2년도 모자라 1년이라는 시간을 다시 반납하고 고독에 시동을 걸어야 했다.

1년 365일 예외 없이 새벽부터 밤늦게까지 나와의 싸움을 견뎌냈다. 한 걸음 한 걸음. 친구들의 결혼 소식, 출산 소식, 나은 조건의 이직, 화려한 싱글 라이프 등을 들을 때마다 젊음을 불사르며 화려한 불꽃놀이를 하고 있는 그들이 미치도록 부러웠다. 사회적인 지위도, 경제적 능력도, 인간적 관계도 없는 삼무(三 無시)의 극한적 외로움 속에서 미천한 나의 발걸음을 꾸역꾸역 떼었다.

"아무리 좁은 면이라도 희망의 여백은 두렵다(박경리)"고 했던가. 희망과 두려움 사이에서 외줄 타기를 할 때, 하루의 계획들이 성취되어 남는 발자국이 유일한 균형 잡이가 되어주었다. 한 발자국 한 발자국, 희망을 목발질하며 걸었다. 다행히 보상은 컸다. 외로이 고시촌에 묻혀버릴 수도 있었던 고시생의 신세가 하루 아침에 교사라는 직함으로 수직 상승했다. 그리고 내가 기다리고 기다렸던 꿈의 시대, 충만함이 열렸다. 방황과 불안으로 범벅이 되었던 시간아, 이제 안녕.

"Once you make a decision, the universe conspires to make it happen."

"무엇인가 간절히 소망하고 원하면 온 우주가 도와준다."

- 에머슨

한 단계 한 단계 시험이라는 산을 넘어가면서 내 삶에 깊숙이 박혀 있던 패배의식이 뿌리째 뽑혀 올라왔다. 하나님께서 야곱의 환도뼈를 부러뜨리셨듯이 야곱 같은 나에게서 자랑거리를 훑으셨다. 그리고 한 단계씩 동행하며 회복시켜주신 것을 느낀다. 인생 시계가 조금 늦어졌다. 하지만 벅찬 감동으로 받아들인다. 내게 여전히 호흡이 붙어 있고 밟아야 할 삶의 땅이 눈앞에 있기 때문이다. 나는 서서히 죽어가던 시간에서 벗어난 후로 한 번도 걸음을 멈춘 적이 없다. 느려도 한 걸음 한 걸음 쉬지 않았다. 서서히 죽어가지 않고 서서히 살아나는 길을 택했다. 그건 바로 오늘의 한 걸음이다. 지금 내딛는 한 걸음이 또 나를 살린다.

He or she who does not turn things topsy-turvy,

who is unhappy at work,

who does not risk certainty for uncertainty,

to thus follow a dream,

those who do not forego sound advice at least once in their lives,

He or she who abandon a project before starting out
die slowly.

Let's try and avoid death in small doses,
always reminding oneself that being alive requires an effect far greater than the simple fact of breathing.

Only a burning patience will lead
to the attainment of a splendid happiness.

- 〈Die Slowly〉 Martha Medeiros

자신의 일과 사랑에 행복하지 않을 때
상황을 역전시키지 않는 사람
꿈을 따르기 위해 확실성을 불확실성과 바꾸지 않는 사람
일생에 적어도 한 번은 합리적인 조언으로부터 달아나지 않는 사람
시작도 하기 전에 계획을 포기하는 사람은
서서히 죽어가는 사람이다.

우리, 서서히 죽는 죽음을 경계하자.
살아있다는 것은

단순히 숨을 쉬는 행위보다 훨씬 더 큰 노력을
필요로 함을 기억하면서.

오직 불타는 인내심만이
멋진 행복을 얻게 할 것이다.

- 〈서서히 죽어가는 사람〉 마샤 메데이로스

Just one is enough to change the world

•

Some days are different. One could almost believe that one day is just like another. But some have something a little more. Nothing much. Just a small thing. Tiny. Most of the time we don't notice these things. Because little things are not made to be noticed. They are there to be discovered. When we take the time to look for them. The small things appear. Here or there. Tiny. But suddenly so present. They seem enormous. The small things are treasures. True treasures. They are no greater treasures than the little things. One is enough to enrich the moment. Just one is enough to change the world.

- 《Little bird》 Germano Zullo, Enchanted Lion Books

ㅇ

평소와 다른 날들이 있어요.
사람들은 보통 때와 똑같은 날이라 생각할지 몰라요.
하지만 그런 날에도 무언가 다른 것이 있어요.
보잘 것 없이 사소한 것, 작은 것이죠.
대부분 사람들은 작은 것들을 알아보지 못해요.
눈에 잘 띄지 않기 때문이죠.
작은 것들은 발견해야 하는 거예요.
누군가 그것들을 알아보기 시작하면 모습을 드러내죠.
이곳저곳에서 갑자기 눈앞에 나타나요. 그리고 점점 커져요.
작은 것들은 보물이에요. 진정한 보물.
작은 것들보다 큰 보물은 없어요.
작은 것 하나 덕분에 우리의 삶이 풍요로워져요.
작은 것 하나가 세상을 바꾸지요.

-《작은 새》 게르마노 줄로, 리젬 그림책

감수성
Susceptibility
작은 것을 발견하는 부사의 시선

나는 X세대다. 수능을 경험했고 워크맨과 삐삐를 거쳐왔다. 아날로그와 디지털 세대 중간 어디쯤 애매하게 끼어 있다 보니 '디지털 포비아'까지는 아니지만 여전히 아날로그를 사랑한다. 꾹꾹 눌러 쓴 손편지가 그립고, 전자책보다는 손끝을 타고 넘어가는 책의 향기가 더 좋다. 대학원 세미나 시간에는 노트북과 태블릿 위의 빠른 손놀림 대신 고집스럽게 노트를 채워나가는 직접 필기를 했다. 이런 나에게 코로나는 대혼란이었다. 무슨 일이든 10년을 파면 전문가가 된다던데 전문가는커녕 다시 신규교사처럼 모든 것을 새로 배워야 하는 상황에 놓였다. 자괴감이 나를 흔들었다.

'왜 이렇게 교사의 삶은 피곤할까?'

매일 헤매며 마음이 울컥울컥할 때가 한두 번이 아니었다.

그러던 중, 《교사의 시선》이라는 책을 만났다. 마음 구석구석에서 요란하게 떠다니던 정체 모를 부유물들이 차분히 가라앉는 것을 느꼈다. 내 마음을 읽어주듯 토닥여주는 시와 그림과 활자들이 그렇게 아름다울 수가 없었다. 그동안 내 마음을 끓임

없이 휘저어왔던 소용돌이의 근원이 보였다. 본질을 벗어났던 그 부유물들의 정체는 바로 불안이었다. 불확실성에 대한 두려움, 새로운 것을 해야만 하는 피로감에 나는 질식 직전이었다. 산소가 주입되는 듯했다. 다시 편안한 들숨과 날숨을 뿜어낼 수 있게 해준 저자의 직강이 궁금하던 차에 기회가 생겼다.

"교사란 어떤 존재일까요? 답이 없습니다. 때로는 저도 16년간의 노하우가 정말 쓸데 없다고 느껴질 때가 많아요. 저 신선계에서 강의하고 있는 선생님들의 수업기술이 나에게는 적용되지도 않고 그러다 보면 스스로가 초라해지고 또 포기하고 싶을 때도 있죠."

내가 그토록 한탄했던 지점을 따뜻하게 공감해주는 것 같았다. 잡탕이 된 감정들에 허우적대던 나에게 큰 위안이 되는 말이었다. 아, 나만 그런 것이 아니구나. '나만'이 아닌 '너도' 인 그 사실 자체만으로 힐링이었다. 덤으로 내가 바라보아야 할 시선에 대해서 방향을 잡게 되었다.

우리 삶에서 중요한 것은
주어나 서술어가 아니라
차라리 부사어가 아닐까
주어와 서술어만으로 이루어진 문장에는

눈물도 보이지 않고
가슴 설레임도 없고
한바탕 웃음도 없고
고뇌도 없다.
우리 삶은 그처럼
결말만 있는 플롯은 아니지 않은가
'그는 힘없이 밥을 먹었다.'에서
중요한 것은 그가 밥을 먹은 사실이 아니라
'힘없이' 먹었다는 것이다.

역사는 주어와 서술어만으로도 이루어지지만
시는 부사어를 사랑한다.

-〈통사론〉 박상천

영어에서 부사는 문법적으로 그저 있어도 되고 없어도 되는 품사이다. 기능적으로 문장을 구성하는 핵심 요소가 아니다. 그런데 부사가 그렇게 중요한 것인지, 부사를 품은 시선이 그렇게 중요한지 몰랐다. 천천히, 미세하게 바라보아야 보인다. 기능적으로 불필요해 보이는 것도 들여다보는 섬세함이다. 보이는 것만 보지 않고 그 너머로 보이지 않는 것까지 보는, 작은 것도 지나치지 않는 따뜻한 관심이다. 뭔가 해치워야 하거나 해야만 하는 의무감들로 빼곡한 일상에서 지나칠 때가 많다.

사실, 학교 다닐 때는 말썽꾸러기들이 졸업하고 찾아오면 사회 일원으로 그렇게 멀쑥할 수가 없다. 믿음의 시선. 그것이 바로 부사의 시선인 것 같다. 나 자신에 대한 시선도 마찬가지다. 꼭 겉으로 화려하게 보일 필요가 없다. 비교할 필요도 없다. 나만의 시선, 나만의 길을 믿고 걸어가는 것이 중요하다. 꿋꿋이 그 길을 가다 보면 길이 난다고 했다. 순식간에 감성 통장이 가득 채워진 오후였다.

이제 신규처럼 맨땅에 헤딩하며 새로 출발해야 한다는 부담감에 짓눌렸던 한 해가 오히려 변곡점이 되었다고 말할 수 있다. 너무 커서 내 눈을 가렸던 것들, 거창한 것에 휘둘리고 있는 모습에 브레이크를 건다. 큰 것이 아닌 작은 것을 보자. 오늘 하루 무탈하게 지난 것으로 나를 토닥이자. 작은 변화들이 생겨난다. 앞이 보이지 않아 너무나 힘겹게 출발했지만 저 너머 까마득했던 터널 빛이 눈앞에서 지나가고 이제 유유히 터널을 통과한 기분이다. 내 인생의 새로운 장이 쓰여지고 있다. 작은 것에 대한 발견에서 시작되었다. 작은 것은 대단하다.

Never to forget the drops of oil on the spoon

•

He suggested that the boy look around the palace and return in two hours. Handing the boy a teaspoon that held two drops of oil, he said, "As you wander around, carry this spoon with you without allowing the oil to spill."
He observed nothing because his only conern was not to spill the oil. "Then go back and observe the marvels of my world," said the wise man. This time, the boy saw the gardens, the mountains all around him, the beauty of the flowers. But looking down at the spoon he held, the boy saw that the oil was gone.
"The secret of happiness is to see all the marvels of the world, and never to forget the drops of oil on the spoon," said the wisest of wise men.

- 《The Alchemist》 Paulo Coelho, Harper Torch

ㅇ

현자는 자신의 저택을 구경하고 두 시간 후에 다시 오라고 했지. 그리고 덧붙였어.

"이곳에서 걸어 다니는 동안 이 차 숟갈의 기름을 한 방울도 흘려서는 안 되오."

두 시간 후 현자 앞으로 다시 돌아왔으나 젊은이는 아무것도 보지 못했어. 그의 관심은 오로지 기름을 한 방울도 흘리지 않는 것이었으니 말이야.

"그렇다면 다시 가서 내 집의 아름다운 것들을 좀 살펴보고 오시오."

이번에는 현자의 말처럼 소년은 저택의 예술품들, 정원과 주변의 산들, 화려한 꽃들을 감상하며 궁전을 둘러보았지. 하지만 돌아와서 스푼을 보니 기름이 다 떨어지고 없었지. 현자 중의 현자가 말했지.

"행복의 비밀은 이 세상 모든 아름다움을 보는 것, 그리고 동시에 **숟가락 속에 담긴 기름 두 방울을 잊지 않는** 데 있도다."

-《연금술사》 파울로 코엘료, 문학동네

삶의 원칙

Principle of Life

인생을 윤기나게 채워주는 기름 한 스푼

나의 삶은 계획으로 이끌려 왔다. 계획이 없으면 불안했다. 아무것도 하지 않고 있다는 것 자체가 인생의 허비라는 강박 때문이었는지 일상은 항상 촘촘하게 무엇인가로 빼곡하게 채워졌다. 아이러니하게도 턱까지 차오르는 빈틈없는 시간을 지날 때마다 텅 빈 시간이 아릿한 동경이기도 했다. 비움과 여백은 나에게 맞지 않는 옷이었지만 한 번쯤 입어보고 싶었다.

미국으로 어학연수를 갔을 때 한국 교회에서 만났던 집사님께서 하셨던 말씀이다.

"세상 무엇을 가지고 있더라도 믿음이 없다면 0을 곱한 것과 같아요. 곱하는 값이 무엇이든 0이 되어버리죠."

믿음을 가지기 위해서는 나를 비워야 한다. 하지만, 비움이 채움이라는 깊은 비밀을 이해하지 못했던 젊은 시절이었다. 'Nothing'의 삶을 살지 않으려면 채워야 하는 줄 알았다. 비워내는 것이 어려웠고 눈에 보이는 가득함에 더 끌렸다.

파릇한 젊음을 지나고 나니 깨닫는다. 인생은 외부에서 채워 넣는 것이 아니다. 겉의 화려함과 그럴싸한 계획을 아무리 밀어 넣어도 또 다른 여백이 드러날 뿐 메워지는 법이 없다. 계획대로 되지 않는 일이 더 많고 꽉 쥐고 있는 아집이 오히려 나를 괴롭히기도 한다. 비운다 해도 깨끗이 비워내지 않으면 오히려 바닥에 가라앉아 있던 오수(汚水)가 길러져 마음은 먹물이 섞인 듯 흐려진다.

계획과 비움의 끈질긴 충돌이 계속된다. 결혼에서 그 격렬함을 경험했다. 기혼 친구들의 조언은 하나같이 비슷했다.

"무조건 돈 많은 사람 만나. 결혼해서 싸우는 게 대부분 다 돈 때문이야."

남편은 그 조건에 전혀 부합하지 않았다. 하지만 나의 결혼 제 1원칙에 딱 들어맞는 사람이었다. 그저 교회에 발 담그고 있는 사람 말고, 제대로 신앙생활 하는 사람을 만나고 싶었다. 이상하리만치 신앙과 성공을 둘 다 갖춘 사람은 없었다. 그러던 중 우연히 남편이 내 인생에 걸어 들어왔다. 나의 결정을 지지해줄 사람을 찾았다. 직장을 다닐 때 신앙적으로 존경했던 대리님을 만났다.

"돈은 있다가도 없고, 없다가도 생기지만 믿음은 그렇지 않아요. 믿음이 다예요!"

듣고 싶은 말이었다. 물론 돈은 없다가 절대 생기지는 않는다는 흙수저 숙명론자들은 '순진한 선택'이라 일갈할 수 있다. 하지만 내 원칙에 힘을 싣고 다른 조건들을 과감히 비워냈다.

원칙을 지켜낸 결혼 생활, 꽃길만은 아니었다. 비워냈다고 생각했던 물질에 대한 아쉬움이 울컥울컥 올라올 때가 많았다.

'나는 왜, 좀 더 속물이 되지 않았을까? 좀 더 여우처럼 굴지 않았을까?'

밑바닥에 깔려있던 오수(汚水)들이 한바탕 끼얹어질 때면 내 마음의 악취가 역겹게 퍼져나갔다. 하지만 물질은 삶과 죽음의 문제 앞에서는 맥을 추지 못했다. 아버지와 남동생이 줄줄이 생사를 넘나드는 일을 겪었다. 중환자실에서 두 남자가 번갈아 가며 누워있는 것을 보았다. 아등바등 살아온 시간이 무색하게, 둘은 아무 말 없이 산소호흡기 하나에 의존하여 생을 이어가고 있었다. 무엇을 가진들 이들을 살려낼 수 있을까? 인생이 생각대로 가지 않을 때, 심지어 부르르 떨리는 인생의 진동이 엄청난 진폭으로 나를 흔들어댈 때, 남편은 옆에서 묵직하게 파동을 눌러 잠재워주는 사람이었다. 나는 그 든든함으로 인생의 한 장을 넘어왔다. 내가 지켜낸 원칙이 나를 지탱해주었다.

신기하게도 밀물처럼 다른 계획들이 들어오고, 썰물처럼 비워내는 과정이 반복되었다. 외롭지 않게 아이가 둘쯤 있었으면 했다. 하지만 계획대로 되지 않았다. 두 번의 유산 후, 병원에서는 횟수가 세 번이 되면 습관성 유산이니, 미리 검사를 진행하자 했다. 검사 결과에 따라 마음이 출렁일 것 같았다. 그래서 과감히 검사를 접고 마음을 비웠다. 티끌 하나 없이. 그러자 마음의 빈터 어딘가에 소망이 싹텄다. 곧이어 엄마라는 타이틀이 내 품에 안겼다. 빈 구멍 없이 마음이 꽉 채워졌다. 엄마라는 정체성을 주셔서 감사했고 나에게 맡겨주신 선물을 애지중지하며 하나님 안에서 책임감 있게 양육하겠노라 다짐했다.

이내 메우고 싶은 구멍이 눈에 들어온다. 혼자인 아들이 안쓰러워 계획대로 아이가 한 명 더 있으면 좋겠다는 바람. 물론, 마음대로 되지 않는 걸 붙잡고 있으니 조바심이 커졌다. 더 많이 차오르기를 열망하며 찰랑거리는 마음속에서 불현듯, '이 아이 하나라도 없었으면 어쩔 뻔했나?' 하는 생각이 떠오른다. 마이너스 가정법이다. 갖지 못한 것에 대한 '아쉬움'과 가지고 있는 것이 사라질 때의 '상실감'을 머릿속에서 굴려보았다. 아들의 존재는 상실감을 충분히 상쇄하고도 남을 만큼이었다.

'그래, 없는 것을 사모하지 말고 가지고 있는 것을 더 사랑하는 행복을 택하자!'

냉큼 안쓰러운 마음을 비워내고 아들에게 사랑을 쏟아부어주기로 마음먹었다. 욕심을 소거하니 감사가 채워졌다.

인생은 본디 불공평하다. 하지만 공평하게도 생의 지혜를 배우는 것은 지름길이 없다. 끊임없이 넘어지고 일어나기를 반복하는 과정에서 나만의 인생관이 추출되고 체득된다. 나의 인생을 기름칠해줄 원칙은 바로 '하나님'이다. 매번 나의 것을 비우는 과정이 쉽지는 않다. 그래도 놓고 싶지 않은 기준점이다. 계획으로 가득 찼던 내 인생이 비워질 때 하나님의 일하심을 경험하기 때문이다. 계획 비워내기. 꽉 들어찬 내 생각을 덜어내는 것은 인생 과제이자 떨어뜨려서는 안 되는 기름 한 방울이다.

남편과 함께 '세상이 감당하기 힘든 가정'이 되고 싶다는 소망을 가졌다. 그러기 위해서는 신앙 안에 먼저 올바로 서야 한다. 남편과 함께 만든 가정이라는 천국 안에서 믿음을 자녀에게 잘 물려주는 것 또한 우리 부부의 몫이다. 안에서 밖으로 선한 영향력이 흘러갈 것을 희망해본다.

트레이 힐만 감독. 그는 SK 6대 감독이자 팀 최초로 외국인 사령탑 자리에서 한국 시리즈 우승을 이끈 지도자이다. 아시아 대표 리그인 KBO 리그와 NPB(일본 야구리그)에서 모두 우승을 이끌며 한국 야구의 역사를 새로 썼다. 한국 야구팬들의 사랑과 열광 그리고 SK로부터 거액 연봉이라는 재계약을 제안받았다. 하지만, 화려한 꽃길을 앞두고 모든 것을 정중히 사양했다. 고령의 부친과 모친을 생각하며 천만리 떨어져 있는 미국 가족의 품으로 돌아가기 위해서였다. 그와의 인터뷰가 마음 깊이 새겨졌다. 그는 인생에서 큰 결정을 내릴 때마다 세워둔 원칙에 따른다고 한다. 첫째, 하나님. 둘째, 가족. 셋째, 직업.

우선순위에 각자의 신념이 다르게 입혀지겠지만 '계획'이 아닌 확고한 '원칙'을 따르는 인생의 미학이 진지하게 어필된다. 계획의 틈바구니에 숨 막히지 않아도 되고 선택의 기로에서 길을 잃지 않아도 된다. 적당히 비어 있는 듯하면서도 삶을 꽉 채워주는 인생의 원칙. 계획이 삶을 잠식하지 않고 원칙이 내 삶의 이정표가 되는 것이 인생을 넉넉하게 적셔주는 비결인 것 같다. 이제 계획보다 원칙 있는 인생을 살고 싶다. '아등바등'이 아닌 '반들반들' 윤기 나는 삶을 위해 기름칠을 해야겠다.

"What we have to make are not plans. It's a firm rule of life. Let trust and entrust all the rest. For between the cracks in plans and the blanks in voids, come the wonder of journeying and the mystery of relationship."

"우리가 세워야 할 것은 계획이 아니다. 확고한 삶의 원칙이다. 나머지는 다 믿고 맡겨두기로 하자. 계획의 틈새와 비움의 여백 사이로 여정의 놀라움과 인연의 신비가 찾아오리니."

- 박노해

Please do not worry.
I am happy

•

Sam was a river rat who dreamed of the sea. He began to hammer away in his year to build an ocean-going sailing boat. "A rat was never meant to go to sea," Mrs. Seednibbler said. His neighbors started to worry in earnest. "You'll be attacked by wild seaweed." "You'll be swallowed by a shark." As the days went by, Sam's boat took shape.

By next spring, the boat was ready. Sam thanked everyone and hugged them goodbye. Sam sailed on down the river and into the sea of his heart's desire. But Sam's neighbors said, "Poor Sam. Tangled up in wild seaweed." "Poor Sam. Swallowed by a shark."

One day a passing seagull dropped a note near Sam's house. "Please do not worry. I am happy. Love, Sam." Far away, out over the water, Sam smiled and sailed on and on over the wild green waves.

- 《Sam who went to sea》 Phyllis Root Axel Scheffler, Walker books

ㅇ

샘은 강에 사는 쥐예요. 바다에 가고 싶은 꿈이 있어요.
어느 날, 집 마당에서 항해할 배를 뚝딱뚝딱 짓기 시작했어요.
"쥐는 바다에 가면 안 돼!"
"거친 해초들의 공격을 받을 거야!"
"상어한테 잡아 먹힐 거야."
이웃들은 진심으로 걱정하는 말을 했어요. 시간이 흐르며 샘의 배가 모습을 드러냈어요. 다음 해 봄까지 완성이 되었죠. 모두에게 감사 인사를 전하며 샘은 작별의 포옹을 했어요.
드디어 샘은 강을 지나, 그토록 꿈꾸던 바다로 항해하게 되었죠. 샘이 떠나고 시간이 흐르자 마을 사람들은 걱정하기 시작했어요.
"불쌍한 샘, 거친 해초에 휘감겨 있을 거야."
"어쩌나, 상어에게 잡아 먹혔을 거야."

어느 날, 지나가던 갈매기가 편지를 물어왔어요.
"걱정하지 마세요. 저는 행복하답니다."
저 멀리 바다 위에서 샘은 미소를 지으며 푸르른 물결을 따라 항해를 계속 했답니다.

-《바다로 간 샘》 필리스 루트 액셀 셔플러

* 함께 읽으면 좋은 책 *

《The treasure》 Uri Shulevitz

《Sky color》 Peter H. Reynolds

소신

Assertiveness

위험을 감수하는 유별난 용기

한국은 사교육의 천국이다. 집 밖을 나가면 각종 예체능, 보습학원이 즐비하다. 길을 가다가 5세부터 10세 맞춤형 보습학원의 배너를 보고 깜짝 놀랐다. 5세부터 보습학원을? '수학'도 창의력 수학, 사고력 수학 등 영역별로 세분화되어 있어서 뭐가 뭔지 도무지 모르겠다. 예전과 사뭇 달라진 교육 시장과 난무하는 정보들에 혼란스럽다.

아들이 네 살 즈음이었다. 대형 마트에 들어서자마자 알록달록한 풍선으로 장식된 테이블이 눈길을 끈다. 공룡 풍선을 갖고 싶다고 쪼르르 달려가는 아들. 학습지 회사의 유아 고객 유치전략이 먹혔다. 뒤쫓아갔더니 아이의 발달 상황을 점검해준다며 검사지를 쥐어준다. 책 영사님의 마케팅 관리 대상으로 '리스트 업' 되었다. 며칠 후, 여지없이 전화벨이 울린다.

"어머니, 검사 결과가 나왔으니 찾아뵙고 설명드려도 될까요? 특별히 책 선물도 전달해드리고요."

일단 만나면 안 살 수 없게 된다는 사례를 수차례 접했던 차라 주춤하다가도 괜한 호기심이 발동했다.

'과연 나는 설득에 넘어갈까?'

스스로를 테스트해보고 싶은 마음에 시간 약속을 정했다. 며칠 뒤, 예상 밖의 녹록잖은 상황이 닥쳤다. 유창한 언변으로 마음을 홀릴 달인 두 명이 짝을 지어 방문했다. 방대한 양의 책을 양손 가득 담은 백과 함께.

책 육아에 관심이 많았던 터라 좋은 책들이 눈에 들어온다. 각종 이론으로 마음을 다지는 밑작업이 선행된다. 그리고 경쟁사의 책과 비교 분석하며 열심히 미래 고객의 마음을 사로잡기 시작한다. 곧이어 계산기를 톡톡 두드리며, "한 달에 16만 원이면 되겠어요!" 한다. 3년 동안 번갈아 넣어줄 도서 전집의 값, 능숙한 솜씨로 뽑아낸 맞춤형 투자금액이다. 지금쯤 시작해야 한다는 학습지 광고까지 이어진다. 그런데 살짝 거슬리는 부분이 있다. 제시하는 학습지 프로그램대로 따라가지 않으면 우리 아이는 여지없이 구멍이 뻥뻥 뚫려 마치 하자품이 될 것처럼 불안감을 조성한다. 아, 사교육이 부모의 '불안'을 먹고 성장한다고 하더니 이거구나. 전집 가격에 입이 떡 벌어져서 정중히 거절하고 보내드렸다. 문을 닫으며 가슴을 쓸어내렸다.

'나 테스트 통과한 거지?'

끝난 것이라 착각했다. 그 후에도 몇 차례 추가로 전화 설득 작업이 이어졌다. 가계 경제가 여유로우면 전집 몇 질정도 고민 없이 들여 거실을 도배해보고도 싶다. 안타깝게도 그럴 배짱도 여유도 없다. 게다가 계속해서 건드리는 '구멍 이론'이 상당히 불편하다. '내 아이는 절대 모지리가 되지 않는다!'를 증명해내겠다는 듯, 고집스럽게 방어했다. 그랬더니 전화가 뚝 끊겼다. 하지만 계속 카톡으로 소식과 안부를 묻는다. 2년째 본전 뽑기를 못하고 계신 영사님들께 미안함이 스멀스멀 올라와 더이상 확인하지 않고 카톡에 '1'을 남겨두기로 했다.

아이를 대상으로 각종 마케팅이 성행하고 있다. 출산율 저하로 학습 마케팅이 유아기까지 내려왔다. 아기가 태어나기 전부터 엄마들을 대상으로 각종 업체들이 들러붙는다. 산모 교실, 태아 보험, 유교전, 월령별 문화센터 프로그램 등 엄마들의 지갑이 열릴 수밖에 없다. 유치원을 선택할 때도 다양한 선택지를 놓고 골치 아프다. 동네 여러 유치원과 어린이집을 비교 분석하며 11월이 되면 설명회를 찾아다니느라 엄마들은 머리가 지끈하다. 맘 카페에는 원 정보와 관련한 피드들이 쌓여간다. 정보를 공유하기도 하지만 서로의 선택과 소신에 대한 논쟁과 주장이 앞다투어 올라온다. 각자의 선택에 대한 확신을 입증하려는 정당방위처럼.

영어 교사로서 어떤 프로그램들이 운영되는지 알아야 할 것 같아서 주변의 유명하다는 영어유치원 설명회까지 다 돌았다. 놀이식, 학습식. 용어도 다양하다. 유치원에서 벌써 학습이라는 말이 들어온다는 사실에 가슴부터 턱 막혔다. 그때, 먼저 아이를 키운 동생이 한 큐에 깔끔히 정리해준다.

"언니, 초등학교 가보니 영어유치원에 보내지 않는 이상은 유치원, 어린이집 어딜 가나 거기서 거기야. 너무 고민하지 마!"

문득 고3 담임 시절이 떠오른다. 요즘은 서울, 경기권으로 대학을 가는 것이 예전보다 훨씬 힘들어졌다. 경기권 밖으로 가야 하는 아이들은 충청권에 있는 대학을 놓고 선택을 해야 한다. 학생들은 소수점 차이의 커트라인을 놓고 어느 대학이 좋은지 저울질하며 계속 질문한다. 이것저것 비교는 해주지만 '일단 지방대라는 꼬리표가 붙게 되면 사회에선 큰 차등이 없을 텐데…' 생각하며 안타까움과 씁쓸함을 삼킨다. 어차피 출구에 서면 비등비등하다. 그런데 입구에서 치열하게 고민하는 것이 꼭 내 모습이다.

매일 유년 시절부터 사교육에 흠뻑 적셔져온 학생들을 만난다. 빼곡하게 채워진 학원 스케줄에 학생들은 십 대의 끝자락에서도 여전히 힘든 하루를 보낸다. 성인이 되기 전까지 아이들은 사교육에 휩싸여 있다. 안쓰럽기도 하고 투자하는 시간과 비용 대비 효용이 낮아 보여서, "힘들면 학원 다닐 시간에 혼자서 공부하는 시간을 더 확보해." 하며 자기주도학습을 권장한다. 하지만 어려서부터 혼자 공부해본 경험이 없는 대다수의

학생들, 말이 먹히지 않는다. 혼자 공부하는 '위험'을 선뜻 감수하지 못하는 것이다. 학부모님들도 마찬가지다. 불안해서 학원을 끊지 못하게 한다. 현장에서 직접 눈으로 보며, 예비 학령기를 보내고 있는 내 아이의 교육, 그 방향성을 다시 돌아보고 정비하게 된다. 사실, 부모의 소신을 내걸지만, 고집스럽게 밀고 나가는 것 자체가 어렵긴 하다. 팔랑이는 귀를 부여잡기보다 흐름대로 두는 것이 더 편할 때도 많기 때문이다. 어쩌다 시류에 거슬러가다 보면 어느덧 유별난 엄마가 되어 있다.

사교육의 가장 큰 맹점은 드러나는 기술, 기법을 반복 연마하는 작업에 방점을 찍고 있다는 점이다. 당장 드러나는 아웃풋에 일희일비하고 비교가 득실대는 교육 시장을 동력 삼아 성장세를 멈추지 않는다. 수십 년간 끊임없이 문제가 제기되어 왔지만 변화의 움직임은 의식의 속도를 따르지 못하는 듯하다. 아니, 그 반대일 수도 있다. 혁신의 시대에 이전에 경험했던 흐름대로 의식을 풀어 놓는 것이다. 게다가 수학 셈법, 외국어 학습, 미술 기법, 악기 연주 등 단련하는 기술은 학원 효과가 직빵이다. 포기할 수 없는 다그침이 지속될 수밖에 없는 구조다. 하지만 자문한다. '일정 기간 연마하면 단번에 따라잡을 수 있는 기법에 목맬 것인가? 하루아침에 습득될 수 없는 가치와 본질에 집중할 것인가?'

내가 아이에게 전수해주고 싶은 가장 큰 가치는 '신앙'과 '생각하는 힘'이다. 새벽마다 아들을 위해 말씀을 녹음한다. 글을 모르는 아이에게 교재 큐티를 시킬 수 없어서 고심한 방책이다. 아이는 녹음된 365일 성경 이야기를 들으며, 말미에 던져진 질문에 답한다. 물론 나의 컨디션에 따라 혹은 아이의 컨디션에 따라 질문과 답변의 질은 오락가락이다. "꾸준함이 답이다"라는 말에 기대어 벌써 1년이 쌓였다. 아들이 크면 녹음된 자신의 엉성한 답변이, 귀여운 목소리가, 엄마와의 대화가, 생각하는 힘이라는 보물이 되길 바랄 뿐이다.

소설 《연금술사》에서 주인공 산티아고는 연금술사의 도움을 받으며 자신만의 보물을 찾으러 떠난다. 다양한 위험들을 마주해야 하는 순탄치 않은 여정이다. 그는 사막 한가운데에서 무장 세력과 대면하는 두려움과 마주한다. 빼겨서는 안 되는 현자의 돌(Philosopher's Stone)과 생명의 명약(Elixir of Life)이 검열되는 순간이다. 이때 연금술사는 모든 금속을 금으로 변환시키는 돌과 마시면 병에 걸리지 않는 명약의 효험을 있는 그대로 설명한다. 믿기지 않는 듯 콧방귀를 뀌는 무장 세력들은 털끝 하나 건드리지 않고 그들을 놓아준다. 나중에 미쳤냐고 이유를 묻는 산티아고에게 연금술사는 인생 지혜를 전수한다.

"When you possess great treasures within you, and try to tell others of them, seldom are you believed."

"네 안에 엄청난 보물을 가지고 있다고 하자. 그걸 다른 사람들에게 말해도 그들은 믿으려 하지 않지."

나의 가치, 다른 사람들은 모른다. 물론, 헤맬 수도 있지만 헤맨다고 다 길을 잃는 것은 아니다. 아니, 헤매본 사람만이 길을 안다. 흐름을 따라가지 않고 흐름이 되려면 꼭 필요한 과정이다.

하원을 할 때면, 즐비하게 늘어서 있는 각종 학원 버스 앞에서 아들은 굴하지 않는다. 태권도, 미술 학원, 피아노 학원, 영어 학원, 각종 학습지 등 친구들은 이것저것 발을 담글 때 엄마의 팔랑귀를 걱정하는 것인지, 단호하게 소신을 밝힌다.

"학원 안 다닐 거예요. 집에서 놀 거예요!"

그래, 고맙다 아들아. 돈도 굳었구나. 금상첨화다. 우리, 다른 사람의 이야기에 조연이 되지 말자. 자신만의 삶을 연출하며 내 인생의 주인공으로 서자. 다른 이들이 짜놓은 각본에 꼭두각시처럼 끌려다니지 말고 처음부터 끝까지 '나'의 소신으로 '나'의 삶을 만들어보자. 모든 것은 위험을 감수해야 얻을 수 있다. 소신, 까짓것 가보자. 아들아, 너도 나도 끝까지 화이팅!

To love is to risk not being loved in return,

To hope is to risk despair,

To try is to risk failure.

But risks must be taken because the greatest hazard in life is to risk nothing.
The person who risks nothing, does nothing, has nothing, is nothing.
Chained by his certitude he is a slave who has forfeited all freedom.
Only a person who risks is free.

-〈Risk〉 Janet Rand

사랑하는 것은 그 사랑을 보상받지 못하는 위험을 감수하는 것이다.
사는 것은 죽는 위험을,
희망을 갖는 것은 절망하는 위험을 감수하는 것이다.
시도하는 것은 실패하는 위험을 감수하는 것이다.
그러나 위험을 감수해야만 하는 것.
삶에서 가장 큰 위험은 아무 위험도 감수하지 않는 것이므로.
아무 위험도 감수하지 않는 사람은 아무것도 하지 않고, 아무것도 갖지 못하고, 아무것도 되지 못하므로.
확실한 것에만 묶여 있는 사람은 자유를 박탈당한 노예와 같다.
오직 위험을 감수하는 사람만이 진정으로 자유롭다.

-〈위험들〉 자넷 랜드(류시화 옮김)

He worked and worked and worked and worked

•

Square got to work shaping the block. “Oh crumbs!” said Square. “This is not perfect!” “Oh dirt!” said Square. “This is much worse.” He went back to work. He worked and worked and worked and worked. He had carved the whole block away. There was nothing left. He was surrounded by rubble. “Whatever is the opposite of perfect, that is what this is! I must stay up all night and figure this out!”
The next morning, Squre woke up wet. He despaired. “What have I done? I push blocks. I do not shape them. I am not a genius.” “Are you finished?” asked Circle. It was beautiful. It was beguiling.
“It is perfect. You are a genius,” said Circle.

- 《Square》 John Klassen, Walker Books

○

네모는 돌을 조각하기 시작했어요.
"이런! 마음에 안 들어! 에잇! 더 이상해졌어."
다시 계속해서 돌을 깎으며 **작업에 몰두했어요.** 결국 모두 깎아버려 아무것도 남지 않을 때까지요. 네모 주위에는 떨어져 나온 돌무더기로 가득 했어요.
"완벽함의 반대가 무엇이든 간에 바로 이걸 두고 하는 말이야! 밤새워 방법을 알아내야겠어."
다음날 네모는 비에 젖은 채 눈을 뜨고 절망했어요.
"난 지금까지 뭘 한 거지? 돌을 가져와서 조각하기는 커녕… 난 정말 바보인가 봐."
그때 동그라미가 찾아왔어요.
"다 끝났니?"
동그라미에게 네모의 작품은 아름답고 매력적이었어요.
"완벽한 작품이야! 넌 정말 천재구나."

-《네모》 존 크라센

실행 Action

결과 산출의 기본값

"엄마, 이거 보세요! 드디어 완성했어요!"

아들의 발그레한 얼굴에 므흣하다. 레고를 좋아하는 아들, 일단 박스를 풀면 완성품이 나올 때까지 식음을 전폐하고 엉덩이를 붙이고 있다. 밤늦게까지 끝장을 보려고 해서 손잡아 끌고 들어가 재워야 한다. 함께 부품을 찾아주는가 하면, 잘못 끼운 부품을 눈 빠지게 추적해야 하는 수고로움도 있다. 작품의 형체가 드러나면 희열에 겨워하는 아들의 얼굴을 그냥 지나칠 수 없다. 온몸이 뻐근해도 당연한 엄마의 희생이려니 한다. 과정의 땀방울을 배울 수 있는 절호의 기회이기 때문이다. 수많은 시행착오를 겪은 아들은 스스로 자기 수준을 가늠하더니 이제 딱 맞는 레벨을 골라낸다.

"저건 너무 쉬워서 재미없겠어요."

"저 레벨은 많이 해봤으니까 한 단계 업 해서 할 수 있을 것 같아요."

자발적으로 도전 과제를 선택하고 실행해보려는 의지를 불태운다. 시도를 많이 하다 보니 선택할 수 있는 경지에 올랐다.

결과의 기본값이자 진실값이 되는 노력, 그 내공이 쌓인 것이다. 게다가 친가와 외가 가족들은 꼬마의 작품 콜렉션이 기특한지 선물 공세로 전폭적 지지를 보내준다.

"엄마! 삼촌이 제 레고 사진 찍어달라고 하더니 다른 거 새로 사서 보내준대요!"

"엄마! 할아버지가 크리스마스 선물로 레고 사주신대요!"

하다 보니 되고, 되고 보니 무엇인가 더해지는 선순환이다. 지난해 1월, 조신영 작가의 《성공하는 한국인의 7가지 습관》을 읽고 백 개의 꿈 목록을 작성했다. 며칠간 머리를 쥐어짜내며 리스트를 채워갔다. 요원해 보였지만 꿈을 꾸는 것만으로도 다 이룬 양 마음이 콩닥거렸다. 목록 안에 '내 이름으로 책 내기'라는 소망을 살포시 끼워 넣었다. 막연한 꿈이었다. 그리고 12월, 출판사와 계약을 앞두고 끄적였던 드림 리스트를 다시 펼쳤다.

'맞아, 내가 새해 벽두에 작가의 꿈을 꿨지!'

1월부터 꾸준히 글을 썼다. 그동안 남겨진 글 자취를 들춰보며 자문을 한다.

'책을 읽고 내 생각을 정리하는 글, 누가 시키지 않았는데도 시간의 공을 들였구나. 왜 그랬을까?'

책은 글쓰기라는 조건화된 무의식이 활성화된 걸까. 어쨌거나 시도하다 보니 길이 생겼다. 삶의 결이 비슷한 사람들, 그리고 새로운 기회도 만났다. 실행하지 않았으면 백 프로 부재할 마주침이다. 뭐든 건지려면 투입이 전제되어야 하듯 기본값이 설정되어야 결과값이 산출된다. 산출물이 똥일지 된장일지는 나중 문제다. 시작하는 것, 기본이다.

> "일단 시작하라. 쉬워 보이는 일도 해보면 어렵고, 못할 것 같은 일도 일단 시작하면 이루어진다. 쉽다고 얕보지 말고 어렵다고 보고만 있지 마라. 쉬운 일도 신중히 행하고, 곤란한 일도 겁내지 말고 해야 한다."
>
> - 채근담

현재 나에게 좋은 기회가 찾아왔다면 그것은 미래의 퍼포먼스가 아니라 과거의 퍼포먼스가 만든 결과라고 한다. 과거의 내가 열심히 노력한 결과가 지금의 나를 만들었기 때문이다. 그리고 지금의 내가 끊임없이 '실행'이라는 공정을 거칠 때 미래의 내게 좋은 기회를 선사할 수 있다. 지금 내가 고마워해야 할 대상은 바로 과거의 나다. 나는 오늘, 실행의 열매를 맺게 해준 과거의 나에게 감사하다. 그리고, 미래의 나에게서 아쉬움이 아닌 감사를 받고 싶기에 오늘을 정성껏 조각한다. 실행하는 노력, 미래의 나에 대해 갖출 수 있는 최고의 예의다.

'이것저것 재지 말고 그냥 하자!'

누구나 하고 싶어 하지만 아무나 하지는 못하는 것, 지금 현재를 살아가는 현답이 확실하다.

Life is real! Life is earnest!

Not enjoyment, and not sorrow,
Is our destined end or way;
But to act, that each to-morrow
Find us farther than to-day.

Trust no Future, howe'er pleasant!
Let the dead Past bury its dead!
Act — act in the living Present!
Heart within, and God o'erhead!

Let us, then, be up and doing,
With a heart for any fate;
Still achieving, still pursuing,
Learn to labor and to wait.

- 〈Psalm of Life〉 Henry Wadsworth Longfellow

인생은 실전이에요. 인생은 진짜예요.

즐거움도 아니고 슬픔도 아니죠.
우리의 정해진 끝, 그 길은
오로지 행하는 거예요.
우리에게 내일은 항상 오늘보다 멀리 있으니

미래를 믿지 말아요. 아무리 좋더라도
죽은 것들은 죽은 과거가 묻어주게 두세요!
실행하세요 - 살고 있는 현재에서 실행하세요
안에는 심장이 그리고 위로는 신이!

우리, 그러니 일어나 행합시다.
어느 운명에든 마음을 잡고
성취하며 추구하며
일하고 기다리길 배웁시다.

-〈인생찬가〉 H. W. 롱펠로우

◈ ◈ ◈

시도하다 보니 길이 생겼다.
삶의 결이 비슷한 사람들,
그리고 새로운 기회도 만났다.
실행하지 않았으면 백 프로 부재할 마주침이다.
뭐든 건지려면 투입이 전제되어야 하듯
기본값이 설정되어야 결과값이 산출된다.
산출물이 똥일지 된장일지는 나중 문제다.
시작하는 것, 기본이다.

Reach for your own words

•

The more words he knew the more clearly he could share with the world what he was thinking, feeling, and dreaming. One breezy afternoon, Jerome climbed the highest hill, pulling a wagon packed with his word collection. He smiled as he emptied his collection of words into the wind. He saw children in the valley below scurrying about collecting words from the breeze. Jerome had no words to describe how happy that made him. Reach for your own words. Tell the world who you are and how you will make it better.

-《The word collector》Peter H. Reynolds, Scholastic

○

단어를 더 많이 알게 될수록 제롬은 자기의 생각, 느낌, 꿈을 세상과 더 명확하게 나눌 수 있었어요. 어느 산들바람 부는 오후, 제롬은 수집한 단어들로 빼곡히 채워진 수레를 끌고 가장 높은 언덕으로 올라갔어요. 그리고 단어들을 바람과 함께 날려보내며 미소 지었죠. 골짜기 아래로 바람을 타고 떨어지는 단어들을 줍느라 이리저리 뛰어다니는 아이들이 보였어요.
제롬은 나누는 것이 얼마나 행복한지 말로는 설명할 수 없었어요. **자신만의 말을 찾으세요.** 당신이 누구인지 어떻게 더 좋은 세상을 만들 수 있는지 말해보세요.

-《단어 수집가》피터 레이놀즈

* 함께 읽으면 좋은 책 *

《The smart cookie》 Jory John & Pete Oswald

배움

Learning

새로운 세계의 길목, 성장의 부싯돌

"엄마, 저 일곱 살 되기 싫어요."

"형아 되는 건데 왜 싫어?"

"공부해야 하잖아요. 친구 OO는 저녁마다 선생님 오셔서 글씨 쓰고 수학 문제 풀고 그래요."

"OO는 뭐라고 그러든?"

"진짜 하기 싫대요."

"그래? 그럼 너는 공부해본 적 있어?"

"아니요."

"공부가 뭔데?"

"책상에 앉아서 글씨 쓰는 거요."

"엄마 생각에 너는 매일 공부하는데?"

"제가요?"

"응, 매일 새로운 걸 배우잖아. 레고 블록을 이렇게도 해보고 저렇게도 해보고, 탄천 나가서 식물이랑 곤충들 관찰하면서 배우고, 매일 책 읽으면서 몰랐던 것도 알게 되고… 너 진짜 열심히 공부하고 있는 것 같은데?"

"아하, 맞네요! 저 매일 공부하네요!"

아들은 초등학교에 입학하는 것을 지레 겁먹고 있다. 어린이집에서 눈치껏 보고 들은 경험이 '학원 가면 못 논다' 라는 공식을 만든 모양이다. 하도 집에만 있으려 해서 방문 미술이라도 신청해볼까 했는데 손사레를 친다. 선생님이 집안 문턱을 밟고 들어오는 순간 자유를 박탈당할까 겁먹은 것이다. '공부'와 '학습'이 동의어라는 오개념이 '배움'의 설렘을 강하게 거부하고 있는 듯하다. 학습에만 초점이 맞춰지지 않도록 방향 정치해야겠다는 다짐을 한다.

나는 초등학교 때부터 이것저것 배우는 것을 좋아했다. 처음 접했던 공부의 개념이 '학습'이 아니었다. 엄마에게서 공부하라는 말을 들어본 적이 없다. 자연스레 교육 콘텐츠를 수동적으로 앉아서 축적하는 과정이 아닌, 스스로 체득하고 발전해 가는 능동적 배움을 경험했다. 서예, 피아노, 주산 등 매일 학원을 번갈아가며 새로운 세계로 초대되는 것에 활력을 느꼈다. 자녀 교육에 헌신적이었던 엄마의 교육열에 힘입어 배우고 싶은 것은 다 배운 것 같다. 배움은 나에게 설렘이었다. 남편 역시 플룻을 배우다 만났다. 시도하지 않았다면 절대 일어나지 않을 일, 첫 단추가 배움이었다.

때는 바야흐로 밤 10시까지 야간자기주도학습 감독을 하던 시절이었다. 새벽 공기를 마시며 출근해서 밤늦게 별을 보며 퇴근했다. '학교와 집'의 쳇바퀴를 돌던 무채색의 일상은 단조롭기 그지없었다. 인생 반경을 넓히고 빛깔을 덧입히기 위한 선택을 감행했다. 주중 교회에 가는 일정에 맞춰 근처 플룻 학원에 등록한 것이다.

왜 하필 플룻을 배우려고 했을까? 금관 악기의 몸체를 타고 흐르는 세련된 은빛의 광채에 사로잡혔던 것 같다. 성량을 풍부하게 복식 호흡도 배워볼 요량이었다. 익숙한 피아노, 다시 그 실력을 연마하는 지루함보다는 미지의 영역에서 신선함을 공급받고 싶었다. 새로운 것은 낯설지만 신기술과 신지식에 접속되어 또 다른 세계의 문을 연다. 가능성과 기회의 통로를 걷는 희열, 그리고 기대감이 더해진다. 몇 달 동안 플룻을 메고 다니며 나만의 우아함에 도취되었다. 그러던 어느 날, 플룻 강사가 뜬금없이 묻는다.

"혜정씨, 남자친구 있어요?"

"아니요. 왜요?"

"어떤 분이 만나고 싶다는데 어떠세요?"

세상 뜬금없다. 그런데 난데없이 툭 던져진 이 한 마디로 남편을 만나 결혼이라는 산을 넘었다. 어이없게도 결혼과 동시에 플룻은 책상 구석 저 너머에 박혀 있다. 그리고 그 학원은 없어졌다. 결혼이라는 이벤트만 팩트로 덩그러니 남았고 모두 기억 속으로 사라졌다.

가끔은 '내가 왜 하필 그 시기에 그 학원을 선택했을까?' 하는 생각이 꼬리를 문다. 남편과 나, 운명의 연결고리를 만들어주기 위해 잠깐 있다 사라진 학원, 신기할 따름이다.

배움은 부싯돌처럼 내 인생에 의미 있는 첫 획을 남긴다. 새로운 세계의 길목에서 시도하지 않았다면 일어나지 않았을 일을 촉발한다. 그래서 항상 설레임을 동반한다. 비단 지식과 기술에만 국한되지 않는다. 인생 자체가 배움이다. 타인에게서도, 실패와 실수에서도, 희로애락의 경험 속에서 많은 것을 배운다. 그리고 그 끝에 '변화'와 '성장'이라는 열매가 맺힌다. 끝의 시작점이 되는 배움, 개인의 선택이자 권리이다. 인생에서 모든 사람이 성장곡선을 타는 것은 아니다. 하지만 일단 배우려는 사람은 성장한다. 《논어》에서 공자가 유명한 말을 했다.

"세 사람이 길을 가면 반드시 그중에 나의 스승이 될 만한 사람이 있다. 나보다 나은 사람의 좋은 점을 골라서 본받고 나보다 못한 사람의 좋지 않은 점을 가려내어 나 자신을 바로잡는 것이다."

어떤 상황에서도 배우려는 자세는 성장의 밑거름이다. 아들에게 배움의 기쁨을 열어주고 싶다. 배움의 과정 자체에서 오는 기쁨, 그 결과에서 오는 기쁨, 그리고 이를 통해 주변에 나누는 기쁨이 가슴의 훈장이 되면 좋겠다. 비결은 이 과정에서 자신만의 것을 찾아 노력해가는 것이다.

'나의 것을 찾기 - 노력하기 - 행복해지기'

노력은 절약이 없다고 했다. 절약하지 않고'노력의 지갑을 활짝 열기 위해서는 기꺼이 비용을 지불하려는 마음, 행복이 전제되어야 한다. 그리고 배움과 노력으로 다시 행복 에너지가 채워지는 선순환이 반복된다.

OECD 회원국들의 국제학력평가기구(PISA)에서 발표한 연구 결과를 보면 행복한 아이들이 더 잘 배우고, 더 많은 것을 배운다고 한다. 그래서 배움은 기대이고 행복이다. 아들이 행복하면 좋겠다. 배움의 기쁨과 노력을 통해 성장하고, 나누고, 행복을 더욱 누리는 인생이면 족하다. 나 역시 오늘도 행복해지려 배운다. 인생을, 그리고 글쓰기를.

"Anyone who stops learning is old whether at twenty or eighty. Anyone who keeps learning stays young. The greatest thing in life is to keep your mind young."

"배움을 멈추는 사람은 20세든 80세든 누구나 늙은 것이다. 계속해서 배우는 사람이 젊은 사람이다. 인생에서 가장 위대한 일은 젊은 마음을 유지하는 것이다." - 헨리 포드

PART 003

삶의 결을 맞추는, 가족

가족이 함께 바라보고 있는 방향은 행복이에요.
'아이의 행복'과 '나의 행복'이 충돌하지 않고
몽글몽글 합쳐져 서로의 인생에 주입되면 좋겠어요.
거창한 것을 바라지 않아요.
필요할 때 언제든 길옆에서 만나
외롭지 않은, 뜨겁지도 차갑지도 않은,
따뜻한 곁이 되어주고 싶습니다.
'우리의 행복'이 씨앗이 되어
단 한 사람의 삶에 또 다른 행복을 꽃 피워준다면
성공한 인생 아닐까요?

If you want a friend, tame me

•

'Tame' means to establish ties. If you tame me, then we shall need each other. To me, you will be unique in all the world, To you, I shall be unique in all the world. If you want a friend, tame me. If, for example, you come at four o'clock in the afternoon, then at three o'clock I shall begin to be happy. I shall feel happier and happier as the hour advances. At four o'clock, I shall already be worrying and jumping about. I shall show you how happy I am!

- 《The Little Prince》 Antoine de Saint Exupery, Scholastic INC.

○

길들인다는 것은 관계를 맺는 거야. 네가 날 길들이면 우린 서로가 필요해져. 넌 내게 이 세상에 단 하나뿐인 존재가 되고 난 네게 이 세상에서 단 하나뿐인 존재가 돼. **친구가 되고 싶다면 날 길들여줘.** 가령 네가 오후 4시에 온다면 난 3시부터 행복해지기 시작할 거야. 4시에 가까워올수록 나는 점점 더 행복해지겠지. 4시에는 흥분해서 안절부절 못 할걸. 내가 얼마나 행복한지 너에게 보여줄 수 있을 거야.

-《어린 왕자》 생떽쥐페리, 새움

* 함께 읽으면 좋은 책 *

《Mama, do you love me?》 Barbara Joose
《Cold paws, Warm Heart》 Madeleine Floyd
《Mama seeton's whistle》 Jerry Spinelli
《Once there were giants》 Matrin Waddell

동행

Accompany

있는 그대로의 모습으로

"엄마!"

아이가 나를 부르는 소리에 기분이 좋다. 이 세상에 단 한 명밖에 없는 내 아이만이 줄 수 있는 나의 정체성이라 특별하다. 아이의 목소리를 타고 오는 그 밀착감은 전율이다. 내 몸의 일부였던 아이가 이제 나의 전부가 되었다. 이제 시도 때도 없이 나의 마음을 설레게 한다.

처음부터 그랬던 것은 아니다. 남들은 태어나자마자 아기를 보면 감동의 눈물을 흘린다지만 난, 그런 엄마는 아니었다. 3주나 일찍 태어나 겨우 살만 붙이고 나온 아기가 품에 안겼다. 그동안 그려왔던 아기 천사의 모습이 아니다. 반응을 어떻게 해야 할 지 모르게 당황스러웠다.

"누구 닮았어?"

분만실에서의 한 마디에, 남편이 지금까지도 놀린다.

"엄마는 외모지상주의야!"

오동통 뽀샤시한 얼굴로 방긋 웃고 있는 아기 천사는 어디로 갔는지, 눈도 뜨지 않은 채 오만상을 쓰며 터트리는 울음소리가 정신을 번뜩 들게 했다. "너무 예쁘고 사랑스럽다!" 라고 재빨리 수습도 하지 못한 찰나의 만남, 나는 그렇게 받아들여지지 않는 마음으로 내 아이를 처음 안았다.

"엄마!"

와치폰을 타고 들리는 청량한 아들 목소리, 오늘은 또 무슨 이야기로 조잘댈까? 업무를 마칠 즈음, 방전되기 직전의 에너지가 '엄마!' 한 마디에 빵빵하게 풀 충전된다.

"엄마, 오늘 휴지로 응아 닦고 물로 혼자 씻었어요!"

자랑이 시작된다. 강아지를 키우고 싶다는 아이에게 이런 당부를 했었다.

"강아지는 돌보아줘야 하는 애완동물이야. 주인이 스스로 할 일을 잘할 줄 알아야 강아지도 잘 키울 수 있는 거야."

요즘 한참 혼자 해야 할 일들을 연습하며 전진과 후진을 반복 중이다. 냄새에 너무나 예민한 녀석이 볼일 보고 뒷처리하는 것을 힘들어하던 차에, 나 스스로 현답이라 생각하며 책임감을 갖다 붙였다. 아들 녀석, 강아지가 그렇게도 키우고 싶었나 보다. 스스로 똥을 닦다니. 폭풍 칭찬을 해주었다.

전화를 끊고, 가슴 끝이 찡해졌다. 아들을 처음 품었을 때의 냉랭함이 언제부터 지펴진 불씨로 녹아내렸을까? 내 마음의 불씨가 불꽃이 되어 이제 따스함으로 자리 잡았다. 서로에게 단 하나뿐인 존재가 되어버린 지금, 동행의 묘미가 이것이구나 하는 생각이 든다. '함께' 해야 스며드는 따스함, 동행하면서 선물처럼 받게 되었다. 행복은 2인용이란 말처럼 동행의 온기를 아이에게 나눠주고 싶은 것은 모든 엄마의 마음인 것 같다. 내 아이, 너무 소중하다. 존재만으로도 소중한데 나에게 사랑이라는 알 수 없는 실체를 매일 일깨워 알게 해준다. 묶어서 가두어 놓을 수 없을 만큼 사랑의 한계를 무한대로 넓혀준다. 내게 와주지 않았으면 결코 느끼고 경험해보지 못했을 다양한 형태의 사랑을 나의 감정 목록에 차곡차곡 쌓아가게 해준다. 가끔 '결혼 전 싱글로 돌아간다면?' 하는 상상을 해보지만 '가정'으로만 끝내고 싶은 그런 존재이다. 그리고 절대로 내 인생에서 뚝 떼어낼 수 없는 삶의 한 부분, 아니 전부인 존재가 되었다.

그 아이가 내 몸을 거쳐 와서 이제 이 세상에 발을 딛고 서 있다. 그리고 앞으로 저 너머의 미래를 살아갈 것이다. 나는 내 아이의 미래를 가볼 수 없다. 아이 앞에 펼쳐진 인생의 긴 연속선에서 나와 잠시 겹쳐지는 이 시간을 함께 걷고 있을 뿐이다. 현재 주어진 짧은 시간, 잠시 함께 걷는 축복이 주어졌다. 아이의 인생과 살짝 오버랩되는 이 시간, 지금 이 순간을 감사하게 된다. 지상에 잠시 동행하는 이 기쁨을 느끼며 아이의 있는 모습 그대로를 믿어주고 뜨겁게 사랑해주어야겠다는 생각이 든다. 문득, 《샬롯의 거미줄》에 나온 펀의 대사가 생각난다. 이제 갓 태어나 눈뜨기 시작한 아기 돼지. 제일 작고 약한 녀석(Runt)으로 태어났다는 이유만으로 도끼로 없애버리려는 아빠를 향해 울부짖으며 펀이 매달린다.

"The pig couldn't help being born small, could it? If I had been very small at birth, would you have killed me? This is the most terrible case of injustice I ever heard of."

"돼지가 원해서 작게 태어난 거예요? 내가 그렇게 태어났으면 아빠는 날 살려두지 않을 거예요? 이건 지금까지 들어본 것 중에 가장 끔찍하게도 불공평하고 부당한 일이라구요!"

어떤 모습으로 태어나건 태어난 그 모습 그대로가 바로 '정의(justice)'인 것을 깨닫는다. 스스로 다짐한다. 끔찍하게 아끼는 마음으로 내게 찾아와준 정의를 품자. 아이의 있는 모습 그대로를.

I was born a little different

•

I was born a little different. Don't laugh at me. Don't call me names. Don't get your pleasures from my pain. I know how it feels to cry myself to sleep. You don't have to be my friend, but is it too much to ask?
In God'eyes we're all the same. Someday we'll all have perfect wings. Don't laugh at me!

- 《Don't laugh at me》 Steve Seskin, Tricle Press

○

나는 좀 다르게 태어났어요.
나를 비웃지 마세요. 욕하지 마세요.
나의 고통을 놀이감으로 즐기지 마세요.
나는 울면서 잠드는 것이 어떤 기분인지 잘 알아요.
내 친구가 될 필요는 없어요.
하지만 이런 부탁이 무리한 요구인가요?
하나님의 눈으로 보면 우리는 모두 똑같잖아요.
언젠가 우리는 모두 완벽한 날개를 달게 될 거예요.
그리니 나를 비웃지 말아요.

- 《비웃지 말아요》 스티브 시스킨

* 함께 읽으면 좋은 책 *

《We're all wonders》 R. J. Palacio

《You are special》 Max Lucado

《Be you》 Peter H. Reynolds

《On the night you were born》 Nancy Tillman

개성
Uniqueness
다름의 옳음

사람을 사랑하는 마음. 아빠를 닮은 아들은 사람을 좋아한다.

"나는 네가 좋으니까 그렇지!"

아들이 자주 하는 말이다. 아들은 항상 더 주고 우두커니 혼자 서운함을 들이킨다. 이런 모습이 늘 애처롭다. 가는 마음만 있고 오는 마음이 없을 때 감내해야 할 기다림과 아쉬움이 아들을 비껴가길 바라는 엄마의 마음 때문에 가슴 한구석이 짠하다. 그래서 나는 이미, 그리고 미리 더 속상하다.

어린이집 선생님께 전화가 왔다. 코로나 부모 확진이 아이 확진으로 이어져 2주간 원이 폐쇄되었다가 재등원한 지 3일째 다시 부모 확진 건이 나왔다. 아이의 검사 결과에 따라 또 원이 폐쇄될 수도 있는 상황이어서 어린이집도 재원생 부모들도 난감하다. 특히 워킹맘은 마음을 졸일 수밖에 없다. 어린이집 차원에서 부모의 백신 접종 여부를 전면 조사하기 시작했다. 통화 중 아이의 원 생활에 대해 여쭈었다. 외동이다 보니 친구들 사이에서 어떻게 지내는지 언제나 궁금하다.

아직 한글을 못 읽는 아들, 다행히 책을 좋아한다. 내 목이 혹사당한 대가다. 책 본다고 한참을 앉아 있는 것을 보면 꼭 글자를 읽고 있는 똥폼이다. 그림만 들여다보는 걸 뻔히 아는데.

"엄마가 책 읽어줄까?"

"아니요. 저 혼자 읽을게요."

이 녀석이 어린이집에서도 책을 읽고 싶었던 모양이다. 한글을 일찍 깨우친 친구에게 책을 가져간다. 집에 오면 항상 이름을 들먹이는 친구, 나름 둘은 베프다. 다른 놀이에 집중하고 있던 그 친구가 아들이 자꾸 조르는 게 귀찮았던 것 같다.

"나 이거 해야 돼. 다른 애한테 읽어달라고 해. 그리고 너는 집에서 한글도 안 배워?"

머뭇거리던 아들이 한 마디 남긴다.

"나는 그냥 네가 좋아서 그런 거야."

아들아 거기서 왜 그 대사를 터트리니. 엄마 마음이 찌르르하다. 좋아하는 친구에게 거절당한 속상함. 그에 더해 한글을 못 읽는 자존심까지 타격을 받아 더블 어택 당했다. 그럼에도 친구의 말끝에 끝까지 자기 마음을 걸어놓고 돌아서는 애처로움이란. 울상이 되어 혼자 터벅터벅 제자리로 돌아가는 아들의 발걸음이 내 마음을 축축하게 적신다. 선생님의 입을 통해 엿본 아들의 일상이 애틋하다. 가끔 아이들의 대화에 깜짝 놀란다. 혀끝에 날카로운 칼날이 덧대어 있다. 아무 생각 없이 툭

뱉는 말이라지만 마음 판에 아린 스크래치를 그어놓는다.

"넌 태권도 안 다니니까 이거 못하지?"

"나는 카드 300개 넘어. 너는 없지?"

조그만 녀석들이 벌써 서로를 비교하며 우위를 선점하려 든다. 그저 다른 것일 뿐인데. 그리고 다른 것은 비교할 수 없고 해서도 안 되는 건데. 아들의 마음이 이래저래 많이 긁혀왔구나.

다른 것은 틀린 것이 아니다. 다른 것은 당연하다. 달라서 더 특별하다. 하지만 단지 다르다는 이유로 여기저기 마음에 멍울이 맺히는 것이 현실이다. 따가운 시선에 찔리기도 한다. 내 아이에게 완벽한 날개가 돋고 있는 것을 보아주지 않는다. 그것은 엄마의 몫이다. 세상에 존재하지도 않는 '같음'의 신기루에 손 뻗지 말자. 부질없이 같아지려고 발버둥 칠 필요도 없다.

"천국은 마치 밭에 감추어진 보석"이라는 찬양 가사처럼 내 아이 안에 감추어진 보석같은 마음, 사람을 사랑하는 마음을 더욱 빛나게 닦아주어야겠다. 눈물 찔끔 성장통은 거쳐야 하겠지만 결국은 꿈틀대며 자라고 있는 '마음속 거인'을 만나길 한껏 응원한다. 넌 너라서 특별한 거야. 각자의 개성은 소중하단다. 아들아, 네가 다른 것처럼 한 사람 한 사람 모두 다르게, 그리고 그 위에 따뜻한 공감의 시선을 얹어주렴. 서로 존중하는 넉넉함을 가지고 앞으로 살아갈 시대의 물결에 휩쓸리지 말고 다르지만 특별한 물결이 되렴.

Very single blade of grass,

And every flake of snow,

Is just a wee bit different.

There's no two alike, you know.

To be just what they are!

How foolish then, to imitate;

How useless to pretend!

- 〈One and Only you〉 James T. Moore

풀잎 하나하나 눈송이 한 송이 한 송이

조금씩 서로 다르다.

이 세상에 같은 것은 존재하지 않는다.

얼마나 어리석은가, 서로 닮으려 하는 것이.

얼마나 부질없는가, 그 모든 겉치레가.

- 〈세상에 오직 하나뿐인 당신〉 제임스 무어

He loved it with all of his heart

•

Owen had a fuzzy yellow blanket. He had it since he was a baby. He loved it with all of his heart.
"Fuzzy goes where I go," said Owen and Fuzzy did. Fuzzy wasn't fuzzy any more but Owen didn't mind. He carried it and wore it. He sucked it and hugged it.
"I have to bring Fuzzy to school!"
"No!" Owen buried his face in Fuzzy. He started to cry and would not stop.
"I have an idea," said mom. It was an absolutely wonderful, positively perfect, especially terrific idea. First, she snipped and then she sewed. She snipped it again and sewed it some more.
Now Owen carries one of his not so fuzzy hankerchiefs with him wherever he goes.

- 《Owen》 Kevin Henkes, Greenwillow Books

○

오웬에게는 보송보송한 노란색 담요가 있어요.
아기 때부터 함께했던 담요를 **온 마음을 다해 사랑했어요.**
"보송이 담요는 내가 가는 곳은 어디든 가요."
오웬의 말대로 담요는 어디든 따라다녔죠.
담요는 더 이상 보송하지 않았지만 상관없었어요.
오웬은 담요를 가지고 다니고 입기도 하고
빨기도 하고 껴안기도 했어요.
"학교에도 담요를 가져갈 거예요."
어른들이 안 된다고 하자
오웬은 담요에 얼굴을 파묻고 울기 시작해서 그칠 줄 몰라요.
"좋은 생각이 있어!"
엄마가 말했어요.
아주 훌륭하고 매우 완벽하고 특별히 멋진 생각이었답니다.
우선 엄마는 담요를 가위로 자르고 바느질했어요.
그런 후 다시 자르고 꼬맸어요.
이제 오웬은 보송하지는 않지만 애착 담요로 만든 손수건을
어디든 들고 다녀요.

-《오웬》 케빈 헨커스

* 함께 읽으면 좋은 책 *

《Zagazoo》 Quentin Blake
《Joseph had a little overcoat》 Simms Taback
《Something from nothing》 Phoebe Gilman

성장
Growth

내공 쌓기, 높이 그리고 깊게

"엄마! 꽃 옷 어디 있어요?"

아들에게는 특별히 애정하는 물건이 있다. 아이들이 아기 때부터 하나쯤 가지고 있는 애착 물건이다. 담요, 인형, 수면 바지 등 다양하다. 엄마의 속옷 끈, 머리카락인 경우도 봤다. 아들 역시 언제나 눈에 보여야 하고 없으면 잠도 자지 못하는 애착 물건이 하나 있다. 바로 나의 옷이다.

겨울에 태어난 아들은 내가 입었던 보드라운 겨울용 실내복을 좋아한다. 문제는 내가 입어야 한다는 사실. 그리고 하필이면 겨울옷이라는 점이다. 한여름 삼복더위에도 나는 삐질삐질 땀을 흘리며 옷을 입어주어야 했다. 너무 더워서 다른 옷으로 갈아입었다가는 울고불고 난리가 난다. 꽃 프린트 실내복은 5년간 나의 유니폼이었다. 하도 빨아서 닳고 닳았다. 똑같은 옷을 하나 더 사려고 문의했더니 단종이 되어 살 수도 없다. 희귀템이 되어버린 꽃 옷은 아들에게 어느덧 엄마의 분신이 되었다. 엄마랑 꽃 옷, 둘 중 하나를 선택하라고 하면 울상을 지으며 둘 다 똑같이 사랑한다고 묻지 말란다.

육아 사진 속의 내 모습은 말 그대로 패션 테러리스트다. 1년 365일 옷이 바뀌지 않는다. 속사정을 모르는 사람들은 "옷 살 돈이 없어?" 할지도 모른다. 나도 다른 옷이 입고 싶다구! 여름마다 돋는 땀띠를 바라보며 언제쯤 꽃 옷에서 탈출할 수 있을까 기약 없는 그 날을 손꼽아 기다렸다. 그러던 어느 날이었다.

"엄마, 이제 꽃 옷 안 입어도 돼요."

여섯 살이 되더니 아들은 큰맘 먹고 선심을 써주었다.

"정말이야? 정말?"

'야호!' 쾌재를 불렀다. 드디어 여름에도 당당히 반팔 티셔츠를 입을 수 있다니! 입지 않았을 뿐, 꽃 옷은 아들 주변에 늘 붙어 있다. 밥을 먹을 때도, 책을 읽을 때도, 놀이할 때도, 잠을 잘 때도 끌어안고 있다. 언제나 끌고 다녀서 매일 살균해주기 바쁘다. 이제 아들은 엄마 대신 꽃 옷을 끌고 다니며 나에게 해방감이라는 숨통을 조금씩 틔워주었다.

어느 순간, 후련했던 마음이 빠져나가고 그 자리에 섭섭함이 차올랐다. 다섯 살 때까지도 껌딱지처럼 화장실까지 졸졸 따라왔던 아들이 달라졌다.

"잠깐 나갔다 오자!"

"엄마, 저 그냥 아빠랑 집에 있을게요."

동행 제안을 거절하는 날들이 늘어나고 있다.

'점점 나의 품을 떠나는구나.'

아들만으로 꽉 채워졌던 지난 시간에 대해 삯을 쳐주듯 서운함 한 꾸러미가 툭! 하니 마음 판에 던져진다. 엄마 바라기의 시절이여, 안녕. 시간이 지나면서 시원섭섭한 감정이 복리로 점점 불어나는 것 같다.

"엄마, 저 이제 많이 컸죠? 엄마가 꽃 옷도 안 입어도 되고."

"그래, 고마워. 우리 아들 다 컸어. 이렇게 엄마도 생각해주고!"

어느덧 아들은 '아기'가 아닌 '형'이라는 말을 듣기 좋아할 만큼 성장했다. 남편과의 논쟁이 치열해지면 어디서 쑥 나타나서 내 손을 잡아당겨 둘을 분리시키고야 만다. 방으로 끌고 들어가서는 속 깊은 한 마디를 던진다.

"엄마, 여기 있으니까 더 편하죠?"

머리 굴려 상황을 판단하고, 엄마를 생각하는 마음도 부쩍 컸다. 태어나서 1년 동안 잠을 안 자는 아이를 안고 좀비처럼 살았던 때가 아련하다. 언제나 우량아였던 아들을 돌본다고 몸이 으스러져 쏟은 눈물, 콧물, 병원에 쏟아부은 돈이 한 바가지다. 시어머님께서는 육아하던 시절, 아이가 너무 예뻐서 "크지 마라. 더 크지 마. 여기서 멈춰라" 하셨다는데 나는 육아가 힘들어서 "빨리 커라. 빨리 커라"를 무한 반복하곤 했다. 나에게는 더

디게만 흐르던 시간 속에서 아들은 아기 티를 벗어내려고 조금씩 몸부림을 쳤던 모양이다. 나도 모르는 사이, 최선을 다해 몸과 마음이 익어가고 있었다. 어느 순간 폭풍 성장한 아들의 모습을 마주하며 뿌리의 시절을 묵묵히 견뎌낸 모죽이 떠오른다.

'모죽'이라는 대나무는 씨를 뿌리고 정성껏 돌봐줘도 싹이 돋지 않는다고 한다. 자그마치 5년 동안 잠잠하다가 어느 날부터 느닷없이 쑥쑥 자라나기 시작한다. 하루에 80센티미터씩 거침없이 올라가다가 30미터가 될 때까지 멈추지 않는다. '하늘을 찌를 듯 높이 솟은 저 대나무가 혹시 푹 쓰러져버리지 않을까?' 하는 걱정에 사람들이 뿌리를 파보았다. 하지만 쓸데없는 걱정이었다는 것을 깨달았다. 모죽의 뿌리는 사방팔방으로 얽히고설켜 땅속 깊이 박혀 있었던 것이다. 5년 동안 멈춰 있었던 것이 아니라 땅속으로 뿌리를 깊이 내리며 치열하게 내공을 다지고 있었다.

아이의 성장은 내공 쌓기다. 엄마에게는 더뎠던 시간을 몽땅 끌어다 열심을 다해 싹틔울 준비를 한다. 높이 뻗기 위해 뿌리의 시절을 거쳐온 아들의 '최선'에 서운함으로 바지가랑이 잡고 늘어지면 안 되겠다. 내공으로 도약을 이루어갈 아들의 성장에 박수를 보낸다.

아들, 서운해하지 않을게. 계속 쭉쭉 뻗어가렴.

A star of his very own

•

Once there was a boy and the boy loved stars very much. Every night the boy watched the stars from his window and wished he had one of his very own. He dreams how this star might be his friend. They would play hide-and-go-seak and take long walks together. The boy decided he would try to catch a star. The boy tried to jump up and grab it. But he could not jump high enough. The boy thought he would never catch a star. Just then he noticed something floating in the water. Just a baby star, it must have fallen from the sky. The star might wash up on the shore. Then he waited and waited and sure enough, the star washed up on the bright, gold sand. The boy had caught a star. A star of his very own.

- 《How to catch a star》 Oliver Jeffers, HarperCollins

ㅇ

한 소년이 있었어요.
그 아이는 별을 너무 사랑했죠.
매일 밤 창문 너머로 별을 보며 자기만의 별을 갖기를 바랐어요.
별과 친구가 되어 숨바꼭질도 하고 함께 걷는 꿈을 꾸었어요.
소년은 직접 별을 따기로 마음먹었어요.
힘껏 뛰어 별을 잡으려 했지만 역부족이었어요.
절대 별을 딸 수 없을 것 같았어요.
그때 물속에 무엇인가 떠 있는 걸 봤어요.
하늘에서 떨어진 아기별이에요.
해변으로 쓸려 올지도 모른다는 생각이 들었어요.
소년은 기다리고 기다렸어요.
드디어 별이 물결에 휩쓸려 밝은 금빛 모래 위로 찾아왔어요.
소년은 자기만의 별을 갖게 되었답니다.

-《별을 따는 법》 올리버 제퍼스, 여원미디어

* 함께 읽으면 좋은 책 *

《Papa, Please get the moon for me》 Erick Carl

동심
Innocence

현재를 설레게 하는 젊음의 비결

어른이 되면서 잃어가는 것이 하나 있다. 동심. 세상에 대한 감흥이다. 작은 것에도 호들갑 떨며 설레는 감동이 그리 빈번하게 찾아오지 않는다. 하지만 신기하게도 아이들은 세상을 온 마음으로 받아들이고 있는 힘껏 느낀다. 그들에게 세상 모든 것은 신비롭고 새로운 경이로움이다.

"길들을 두루 걸어라. 집으로 돌아와라. 그리고 마치 처음인 것처럼 모든 것을 바라보아라." - T.S. Eliot

아들은 매년 같은 곳에서 어김없이 자라는 나무와 꽃들을 볼 때마다 생전 처음 보는 양 호들갑이다.

"우아! 우와! 엄마 이것 좀 봐요!"

감탄사를 연발하며 여기저기서 걸음을 멈추고 달려든다. 탄천 길을 따라 산책을 할라치면 절대 직진하는 법이 없다. 여기저기 참견적 거닐기를 하며 하나하나 자연을 눈에 넣는다. 이내 집 구석구석은 아들만의 보물창고가 된다. 돌멩이, 꽃잎, 나뭇잎, 나뭇가지, 매미 허물 등 뭘 그리 데려다놓는지. 눈살 찌푸리게 하는 비위생물더미를 보물 다루듯 애지중지다. 처음 어항을 들인 것도 탄천에서 가져온 다슬기 덕분이다. 떨어진 나뭇가지를 주워 화병에 꽂아 놓으면 죽지 않고 잎이 더 풍성해진다는 사실도 아들 덕에 알았다. 눈이 오면 출근길 막힐까 걱정인 나와 달리 녀석은 눈 만져볼 생각에 돌고래 소리를 내며 흥분한다. 어릴 적 내게도 있었을 법한 감성은 어디로 증발해버린 걸까? 반복되는 일상 속에 새로운 것에 대한 설렘을 잃어가는 모습만 덩그러니 남았다. 건조하게 바스락거리는 소리만 들린다. 반복이 가져다주는 당연함이 설렘이 아닌 권태로 변해버린 것일까? "나이 들면 다 그런 거야" 라고들 하지만 사람마다 다른 것 같다. 시어머니만 보아도 감성이 꿈틀꿈틀 살아 숨 쉰다.

"얘야, 내가 아버지랑 결혼할 때 조건이 뭐였는지 아니? 봄이면 꽃구경, 여름이면 바다 구경, 가을이면 단풍 구경, 겨울이면 눈 구경, 그거면 된다고 했어."

언제나 소녀 감성 충만한 시어머니는 지금 노년을 그리 사신다. 젊은 시절의 연장선이다. 단톡방에 한 번씩 올라오는 아버님과의 여행 사진을 클릭하면 "와!" 하는 탄성이 절로 나온다. 우리 어머니 노년이 제일 부럽다. 시어머니의 소녀 감성, 탐난다. 사시사철 자연을 누리며 사는 것, 순진한 처녀의 철없는 희망 사항이 아니었다. 매년 분기별로 자연 속을 왔다갔다 하는 여행자의 삶은 시간에 쫓겨 살아가는 현대인들에게 결코 쉽지 않은 일이다. 여름 휴가철 혹은 연말에 바짝 연례 행사 정도로 돈 쓰고 '이거면 됐다!' 며 자족하는 정도가 일반적인 우리의 모습 아닐까?

우리 어머님은 초등학교 선생님이셨다. 평생 직업으로 단련이 되셨는지 아이들의 마음을 잘 헤아리고 또 아이처럼 순수한 마음으로 사신다. 손자와도 얼마나 재미나게 놀아주시는지. 어느 날은 "바다 보러 가자!" 하시며 아버님과 함께 우리 집에 오셨다. 아들과 나는 룰루랄라 신나는 바다 여행에 동참했다. 물놀이 하는 아들을 그저 바라보고 있는 나와 다르게 어머니는 바닷속으로, 그것도 입고 있는 옷 그대로 풍덩 뛰어드신다. 함박웃음 짓는 아들과 함께 물을 튀기며 하나가 되어 뒹구신다. 손자와 깔깔거리며 물도 먹고 모래성도 쌓고 조개껍데기로 장식하는 법도 알려주시는 그 할머니는 놀랍게도 80대다. 아이 같은 동심이 젊음의 비결이다. 그저 경이롭다.

아이들 곁에서 사랑을 주시는 것은 예수님을 닮으셨다. 어머님은 몇십 년째 교회 주일학교 아이들에게 사랑을 흘려보내고 계신다. 유치부 책임권사님으로 퇴임하신 후로도, 아이들에 대한 애정이 남다르시다. 작은 교회의 공간 문제로 아침 일찍 예배를 드려야 하는 희생을 감내해야 하는 아이들. 본 예배가 끝나기까지 부모님을 기다렸다 점심을 먹는 보물들. 내색하지 않지만 지루할 법한 그들의 마음을 달래주기 위해 교회 밖 성복천, 놀이터 나들이에 멋진 아이스크림 후식까지 쥐어주시곤 한다. 동심을 품은 마음이 동심을 읽어낸다. 순수하게 읽어내는 마음의 배려는 성인에게도 뻗어간다.

개인적으로 엄마와 떨어져 산 세월이 함께한 세월보다 길다. 대학 입학 이후로 무엇이든 혼자서 해결해야 했다. 그래서인지 '독립'이란 단어가 익숙하다. 연애 시절, 시어머니께서 남편에게 귀뜸하셨다.

"혜정이 더 많이 사랑해줘라. 서울서 엄마 떨어져 오랜 기간 혼자 있으면서 힘들었을 거다."

어머님의 통찰이 어찌나 찡했던지. 시댁 사랑의 원천은 어머님이다. 모이면 뜨끈뜨끈 온기에 행복이 절로 데워진다. 그 행복을 쥐고 계신 어머님은 손자가 주워주는 돌멩이, 꽃잎, 나뭇가지를 버리지 않고 모아두신다. 비결은 하나다. 현재를 즐기는 것. 어머님은 지금이 가장 좋다고 하신다. 매일 주어지는 오늘을 새로 시작하듯 그 시간을 온전히 누리신다. 내일을 걱정하지 않는다. 그래서 지겨움도 근심도 없다. 언제나 새로운 그 행복한 순간을 일기로, 그림으로 생생하게 잡아내신다. 어느 날은 고이 적은 일기장 한쪽을 펼쳐서 낭독하신다. 당신만의 풍성한 감성을 풀어내어 내가 그동안 잊고 지냈던 출산의 기억에 생동감을 뿌려주신다. 새벽 4시 반, 진통으로 병원을 가는 중에 걸려온 아들의 전화를 받고 부랴부랴 분만실 앞을 지켜주셨던 어머니. 친손자를 품에 안기까지, 늘어진 시간 속에 접혀 있었던 일련의 기억들을 주루룩 펼쳐서 그때의 감동을 고스란히 보관하고 계신다. 어머님의 마음이 온 가족의 가슴에 전해져 새로운 감동으로 재탄생된다.

퇴직 후, 그때부터 보이기 시작했다는 자연을 화폭에 담아내기 시작하셨다. 동호회 사람들과 그림을 그리러 산천을 누비시며 매년 전시회를 여는 화가가 되셨다. 며느리인 나도 덩달아 인사동 갤러리를 찾는 고상한 연례행사를 치른다.

"애야, 너도 취미생활 하나쯤 해라. 나도 퇴직 직전에 그림 배우기 시작했어."

그림, 좋아 보인다. 아름다운 자연을 찾아다니며 이젤 하나 놓고 붓과 물감으로 삶을 채색하는 것이 멋스럽다. 길섶에 버려진 돌멩이 하나 주워다가 붓질하여 작품 하나 뚝딱, 사용 후 버려진 종이컵 위에 알록달록 색감의 꽃 한 송이 뚝딱이다. 아이가 사물을 보듯 무엇이든 신기하고 귀한, 오감이 살아 숨 쉬는 어머니의 감성이 생기 차다. 나도 그림을 그려야 하나?

《인생에서 너무 늦은 때란 없습니다》의 모지스 할머니가 떠오른다. 미국인이 가장 사랑하는 예술가 중 하나로 꼽히는 화가다. 그녀는 76세에 그림을 그리기 시작했고 101세의 나이로 세상을 떠나기 직전까지 1,600여 점의 작품을 남겼다. 76세가 되던 해 류마티스 관절염으로 생계를 위한 손놀림을 할 수 없어 붓을 들었다고 한다. 시골 농장에서의 소박한 풍경은 할머니의 천진난만한 동심을 그대로 뿜어낸다. 사람들이 뭔가 새롭게 일을 시작하기에는 너무 늦은 나이라고 했지만 그녀는 '지금이 가장 좋은 때' 라고 했다. 현재를 또 다른 어제로 여기지 않고, 새롭고 색다르게 바라보며 감탄하는 것. 그 안에 세련된 기교와 전문성은 없다. 하지만 그것이 바로 아웃사이더 아티스트의 충천한 감성과 동심의 비결이었다. 이제 나도, 현재를 설레하는 동심으로 젊게 살아보련다.

My heart leaps up when I behold a rainbow in the sky:
So was it when my life began; So is it now I am a man;
So be it when I shall grow old,

-〈My heart leaps up〉 William Wordsworth

하늘의 무지개를 바라보면
내 마음이 뛰노라
철없던 어린 시절에도 그랬고
어른이 된 지금에도 그러하며
나이가 들어도 그러하려니,

-〈내 마음이 뛰노라〉 윌리엄 워즈워드

There are many ways to fill a bucket

•

All day long, everyone in the whole wide world walks around carrying an invisible bucket. The purpose of your bucket is to hold your good thoughts and good feelings about yourself. You feel happy and good when your bucket is full and you feel sad and lonely when your bucket is empty. How do you fill a bucket?
There are many ways to fill a bucket. Just remember that everyone carries an invisible bucket. When you fill someone's bucket, you fill your own bucket, too!
You can be a bucket filler when you say and do nice things to make others feel special. If you practice, you'll become a great bucket filler. You could write a thank-you note to your teacher.
When you're a bucket filler, you make your home, your school, and your neighborhood better place for all.

- 《Have you filled a bucket today?》 Carol McCloud, Bucket Fillers

ㅇ

매일 사람들은 보이지 않는 버킷을 들고 다녀요.
좋은 생각과 감정을 담기 위해서죠.
버킷이 채워지면 행복해지고 텅 비면 슬프고 외로워져요.
어떻게 버킷을 채울 수 있을까요?
방법은 많아요.
사람들이 보이지 않는 버킷을 들고 다닌다는 사실을 꼭 기억하세요.
그 버킷을 채워주면 내 것도 채워져요.
좋은 말과 행동으로 상대방을 특별하게 해주면
그 사람의 버킷이 채워져요.
노력하다 보면 당신은 멋진 버킷 채움이가 될 거예요.
선생님께 감사 편지 써보는 건 어때요?
당신이 버킷 채움이가 되면
가정, 학교, 주변을 훨씬 좋은 곳으로 만들게 될 거예요.

-《오늘 버킷을 채우셨나요?》 캐롤 맥클라우드

감사
Thankfulness

그러니까, 그럼에도, 그럴수록, 그것까지

"일정이 좀 빨리 나와서 수술대기 중이에요."

"나이순으로 하니 제일 빠른가 보다."

"수술 잘되고 빨리 완치될 거야. 안쓰러워 어쩌니."

가족 카톡방이 아침부터 부산하다. 수술 준비를 마친 하얀 환자복의 아들이 닝겔 꽂힌 손으로 애써 브이를 만든 사진 한 장이 투척된다. 붕대로 친친 감은 채 수술실 앞에서 포즈를 취하고 있는 아들의 모습에 가슴이 먹먹하다. 차디찬 수술실로 들어가는 길조차 함께 못한 어미의 마음이 미어진다. 곧이어 남편의 카톡 메시지가 뜬다.

"수술실 들어갔어요."

'아!' 하는 탄식과 함께 왈칵 눈물이 쏟아진다. 감정의 솟구침을 참아내지 못한 채, 차 안에서 꺼이꺼이 한참을 울고 말았다.

아이의 사고는 한순간이다. 저만치 킥보드를 타고 먼저 달려나가는 뒷모습이 보였다. 아파트 정문을 돌아서자마자 마주한 바로 다음 장면은 바닥에 엎드려 울고 있는 모습이다. 돌부리에 걸려 넘어졌다는데 뒤따라가면서 사고 상황조차 목격하지 못했다.

"엄마, 손이 아파서 못 걷겠어요. 업어주세요. 흑흑."

손이 아픈데 왜 못 걷는다는 거지? 평소에 워낙 엄살을 많이 부리는 녀석이라 심각하게 생각하지 않았다. 남편의 등에 업힌 채, 아들은 동네 근처를 이끌려 다녔다. 하지만 집에 돌아와도 훌쩍거림이 진정되지 않는다. 다시 한 번 팔목을 살펴보니 아까와 다른 느낌이 들어 급하게 병원으로 향했다.

종합병원 응급실, 언제나 급박하다. 분위기에 휩쓸려 긴장감이 몰려온다. 늦은 시간인데도 아이들의 울음소리가 여기저기서 들린다. 먼저 엑스레이부터 찍었다.

"보호자 한 명만 들어오세요."

결과를 보기 위해 종종걸음으로 처치실로 들어갔다. 의사 선생님의 설명을 듣기도 전에 중간 팔목 뼈가 똑 부러진 사진이 눈에 들어온다.

"두 개의 팔목 뼈 중에서 중심에 있는 뼈는 골절이 되었고, 옆에 있는 뼈는 살짝 휘었어요. 수술해야 할 것 같네요."

"네? 수술…이라니요? 깁스만으로 안 되나요?"

"네. 철심을 박아야 할 것 같아요. 보이시죠? 뼈가 살짝 굽었어요. 수술 전에 휜 뼈를 좀 맞춰야 합니다. 걱정되는 건 팔목에 성장판이 있어서 다치지 않았는지 CT 촬영도 해봐야 해요."

'수술'이란 말에 가슴이 덜컥 내려앉은 것도 모자라 줄줄이 들려오는 소리에 겁이 난다. '엑스레이 결과 이상이 없다고 하니 무서워하지 말고 집에 가자!' 라는 머릿속 시나리오가 단번에 폐기되었다. 순간 감정의 소용돌이가 휘몰아친다. 뜻밖의 결과에 대한 당혹감, 엄살로 치부해버렸던 무지몽매한 어미의 자책감, 킥보드를 태우지 말았어야 한다는 후회, 애초에 혼자 볼일을 보러 나갔어야 한다는 자괴감, 부모로서 아무것도 해줄 수 없는 무력감 등 마음 밑바닥부터 긁어낸 듯 갖가지 생각과 감정들이 강력히 솟구치며 마음을 어지럽힌다.

멍하니 대기실로 나와 아들을 물끄러미 바라본다. 엄마의 애처로운 걱정을 무색하게 하는 아이의 해맑은 얼굴이 내 눈 속에서 잠시 굴절된다. 응급실의 기나긴 기다림 속에서 아프다는 소리 한 번 하지 않고 제법 의젓하게 앉아 있다. 병원 계단을 왔다갔다 하며 자기만의 놀이를 찾아 지루함을 달래기도 한다. '이 녀석을 어찌하랴. 십 년도 채우지 못한 짧은 인생에 철심을 박고 빼는 마취를 두 번씩이나 해야 한다니… 휴….' 수술 기간 동안 축 늘어져 있을 작은 몸이 상상되면서 눈물이 핑 돈다.

코로나 상황으로 보호자 한 명만 병실에 상주할 수 있다. 계속 옆에 있어주고 싶은 엄마 마음은 한가득이지만 연가를 내는 과정이 덜 번거로운 남편이 수술 일정까지 소화하기로 했다. 속도감 있게 입원과 수술 일정이 잡혔다. 생전 처음, 보호자 대상 코로나 검사로 코를 찔렀다. 아들 덕분에 해보지 않은 경험을 한다. 코뼈 수술을 마친 남아 한 명과 병실을 함께 쓰게 되었다. 어린이집에서 놀다가 벽에 코를 부딪치는 사고를 당했단다. 숨을 제대로 쉴 수 없어 밤마다 울며 잠을 뒤척이는 고통 속에 있는 그 아이를 생각하며, '그래도 우리 아들은 좀 덜하구나' 하는 이기적인 위로를 마음에 들이댄다. 엄마 마음을 아는지 모르는지 아들은 옆에 형이 있다며 그저 신났다. 영상에 코 박고 대꾸도 없는 형에게 "형아, 형아!" 하며 사람에 대한 애정을 물씬 쏟아낸다. 그 아이에게는 질문을 쏟아내는 아들이 여간 귀찮지 않았을 것 같다.

수술이 예정된 새벽, 남편과 아들이 없는 텅 빈 방에 홀로 앉아 마음 공터로 굴러들어오는 상념들과 하나씩 마주한다.

'지금껏 아이로 인해 응급실을 가본 적이 없었구나.'

'아파도 병명을 알 수 없어 고치지 못하는 경우도 많은데, 팔 골절이라는 명확한 진단명이 있구나.'

' 수술 후 경과를 장담할 수 없는 병도 많은데, 수술만 하면 괜찮아지는 사고였구나.'

'머리를 다쳤으면 일생이 고생일 텐데 다행히 한쪽 팔의 불편함으로 그쳤구나.'

'왼손잡이 아이인데 오른팔을 다쳤구나.'

'코로나 바이러스와의 전쟁에서 우리 가족은 지금껏 음성으로 비껴가는 행운이 함께했구나.'

출근해서 수업을 교환하고 보강까지 넣으면서 수술 후 간병 일정을 준비했다. 교감 선생님께 연가 상황을 말씀드리고 나오는 길에 친한 선생님 한 분을 만났다.

"얼굴이 안 좋네. 무슨 일 있어?"

단 한 마디에 눈물이 왈칵 쏟아진다. '복도에서 웬 주책이야?' 하는 민망함에 흐르는 눈물을 후다닥 수습했다. 그런데, 주책맞게 흘렸던 눈물이 교실 앞에서 감동으로 엮여 돌아온다. 수업을 위해 교실로 걸어가는 길목에서 한 녀석이 기다리고 서있다.

"선생님, 선물이에요. 괜찮을 거예요."

사탕 하나를 내밀며 어깨를 토닥이고 안아주는 학생이 제법 든든하다. 4층에서 생활하던 녀석이 우연히 2층까지 내려갔다가 선생님의 눈물을 보고 천사의 날개를 펼쳐준다. 복도를 함께 걸으며 교실까지 에스코트해주는 길이 따뜻하다. 진한 감동이고 감사다. 감사할 것이 많다. 부정적인 감정에서 분리되어 삶의 활기를 향유할 수 있는 효과적인 방법, 감사의 부정성 제지 효과(Inhibition Effect of Negativity)라는 말이 있다. 당연하게 여겼던 매일의 삶 속에서 감사 거리를 찾다 보면 힘든 상황에 다른 관점이 열리게 된다. 그러니까 감사, 그럼에도 감사, 그럴수록 감사, 그것까지 감사.

마음 한구석 빈틈을 비집고 나올 무엇인가를 조금이라도 남겨놓으면 결국, 그 감정의 노예가 된다. 살짝 비어 있는 감사가 아닌 꽉 찬 감사, 일부가 아닌 온전한 감사로 내 감정의 주인이 되어야 한다. 삶의 사건 사고 속에서 나름의 의미를 부여하며 감사의 바퀴를 굴리다 보면 어느덧 행복이 동력으로 전환되어 힘차게 앞으로 나아갈 것이다.

"아들! 응급실에서 중증이 아닌 경증으로 분류된 것, 감사한 일이야."

"남들이 겪어보지 못한 경험을 하다니 큰 형아가 되었구나!"

아들은 그저 웃는다. 그러더니 퇴원 후 집에 와서 속내를 드러낸다.

"저는 어린이집에 안 가고 집에 있을 수 있어서 너무 감사해요!"

함께 깔깔거리고 빵 터졌다. 그래, 그 감사의 행복을 동력 삼아 앞으로는 비어 있는 상대의 버킷을 채워주며 함께 채워가는 채움의 전파자가 되어라. 아들아, 감사가 행복한 삶의 동력이다!

"How happy a person is depends upon the depth of his gratitude."

"그 사람이 얼마나 행복한가는 그의 감사함의 깊이에 달려 있다."

-존 밀러

Nothing. I own them

•

"What do you do with these stars?"
"Nothing. I own them."
"What good does it do you to own the stars?"
"It does me the good of making me rich."
"And what good does it do you to be rich?"
"It makes it possible for me to buy more stars if any are discovered."
"What do you do with them?"
"I administer them. I count them and recount them. I can put them in the bank."
"Whatever does that mean?"
"That means that I write the number of my stars on a little paper. And then I put this paper in a drawer and lock it with a key."
"And that is all?"
"That is enough."

- 《The Little Prince》 Antoine de Saint Exupery, Scholastic INC.

○

"별 가지고 뭘 하는 거예요?"

"아무것도 안 해. 그냥 소유하는 거지."

"별을 가지면 뭐가 좋아요?"

"나를 부자로 만들어주는 게 좋지."

"부자가 되면 뭐가 좋은데요?"

"내가 다른 별을 발견했을 때 더 살 수 있지."

"그럼 별로 뭐하세요?"

"내가 관리할 수 있지. 세고 다시 세고.

별을 은행에 둘 수 있어."

"그게 무슨 말이에요?"

"작은 종이에 별의 개수를 적고 난 후,

종이를 서랍에 넣고 열쇠로 잠그는 걸 의미해."

"그게 다예요?"

"그거면 충분하지."

-《어린왕자》 생텍쥐페리, 새움

부요함
Abundance

부유(浮游)물을 가라앉힌 마음의 부유(富有)

차가 말썽이다. 아파트 주차장에서 두 번이나 시동이 꺼졌다. 토요일 아침부터 차를 점검하기 위해 전 가족이 출동! 남편은 배보다 배꼽이 더 커질 듯한 불길한 조짐에 근심 가득이다. 주행거리 20만을 넘은 우리 차는 이제 거의 똥값이 되어버렸다. 그 상황에서 거금의 수리비를 투척하는 것은 밑 빠진 독에 물 붓는 격이다. 우려했던 대로 차값의 반이 수리비로 딱! 음... 띵!

몇 주 전, 혼수로 들였던 TV가 먹통이었다. 그 당시 살림살이 가전 중 가장 큰 금액이었던 TV가 명을 다해버린 것이다. 별로 본 거 같지 않은데 고장으로 새로 들인 지 한 달이 채 안 됐다. 요즘 TV 값이 많이 저렴해졌다고 하지만 명절 상여비가 그대로 흘러들어갔다. 온 우주가 내 돈의 흐름을 뚫어져라 주시하고 있는 듯하다. 눈곱만한 여윳돈이 들어오는 것을 어찌 그리 기가 막히게 아는지 일이 터져주신다. 내 손에 들어오기 전, 통장을 스쳐지나 지출 구멍으로 순식간에 흡입되어버리는 돈. 아… 허무해라. 우씨… 짜증난다.

“언니! 결혼 10년 정도 되면 살림 한 번 다 바꿔야 해!”

동생의 위로가 서글펐다. 돈도 돈이다. 그런데 겉으로 멀쩡해 보였던 살림살이가 시간과 함께 곪고 있었구나 생각하니 그냥 서글펐다. 괜히 나를 보는 거 같아 감정 이입된다. 10년. 엊그제 같은 시간인데 또 하나의 추억을 보내야 하다니. 아들은 보내야 하는 TV를 끌어안고 50번이 넘는 추억 사진을 찍었다. 그 녀석만의 작별식, 지난번 냉장고도 그랬다.

“옛날 냉장고 보고 싶으면 꺼내 보게 사진 찍어주세요!”

이것을 시작으로 집 떠나는 살림살이를 끌어안고 사진으로 남기는 것이 고별 의식이 되어버렸다.

‘10년쯤 되면 교체하는 것이 일반론이라는데. 이제부터 시작이구나. 핸드폰 카메라 셔터에 불이 나겠군. 차를 또 바꿔야 하나, 이건 덩치가 너무 큰데.’

머리를 이리저리 굴리던 중, “카톡!” 소리에 정신이 번쩍 든다.

“형님, 저희 아이들과 용인에 밤 따기 체험하러 가는데 오늘 일정 없으시면 합류하시죠?”

“언니, 같이 가요~.”

서울 사는 남편 후배 가족이 가을을 캐러 가는 길목에서 초청장을 보낸다. 에라, 목돈 걱정 제껴두고 가을이나 누리자! 우리의 무거웠던 아침 외출이 가볍게 전향되는 초대장을 덥석 집

어든다.

코로나가 무색하게 사람들이 북적이는 체험장. 아무리 그래도 이건 아니지. 먼저 도착한 우리는 근처 한적한 곳을 찾았다. 두둥! 탁월한 선택으로 남을 용담 저수지! 주차장도 한산하다.

"우리는 사람이 너무 많은 것 같아서 근처 용담 저수지로 왔어. 밤 체험하고 싶으면 해도 돼~."

멀리서 계획하고 온 후배 가족의 일정에 찬물을 끼얹을까 한 발 빼고 우리는 한적한 자연으로 걸어 들어갔다. 그런데, 잭팟이다. 우연한 검색으로 밟은 땅이라고 하기 미안할 정도로 묻혀있는 선물꾸러미가 한 다발이다. 아름다운 가을, 어디든 사람으로 북적할 자연의 주말이 이렇게 한산할 수 있을까? 한적한 여유를 품은 자연이 선물처럼 우리 앞에 놓여 있다. 선택한 것은 우리인데 우리가 선택받은 기분이다. 주변 산책로를 따라 걸어가니 밤, 도토리, 잣, 각종 곤충들이 한가득이다. 가을이 담긴 종합 선물세트다. 뒤늦게 도착한 후배 가족, 우리는 이렇게 함께 마음껏 가을을 캤다.

"돈 5 만원 굳었네요!"

체험장에 갔으면 후루룩 지출되었을 돈인데 여기저기 밤나무, 도토리나무, 잣나무가 자연 속에 파묻혀 있다. 하나씩 숨어 있는 보물찾기를 하듯 자연을 발견해 나간다. 사실, 잣이 솔방울에 끼워져 있다는 걸 나도 처음 봤다.

"히히. 엄마는 어른이 되어서야 보는데 저는 여섯 살에 봤네요!"

아들이 거드름을 피운다.

"얘들아, 이 잣 엄청 비싼 거야. 금값이야 금값! 따가자. 껍질 까서 먹어봐. 유기농이야 유기농!"

어른들의 부산스러운 추임새에 아이들은 즉석에서 캐어낸 가을을 입에 넣는다. 잣을 씹어 오물거리는 아이들의 마음에 '잣은 금값'이라는 공식도 새겨졌다. 돌아오는 길에 아들이 그런다.

"엄마, 우리 잣 까서 팔아요! 우리 부자예요!"

집에 와서 아들은 송진을 묻혀가며 잣을 빼내고, 방망이로 두들겨 잣을 꺼낸다. 잣 팔면 부자가 되는 줄 아는 우리 아들. 그래도 잣을 까는 족족 엄마 아빠 입에 넣어주는구나. 그 많은 금을 우리 입에 넣어주다니. 넌 마음이 부자구나! 그래, 우리 그냥 마음 부자 하자. 세상 돈은 우리에게 없지만, 잣 팔면 부자 되는 우리 아들의 세계에 퐁당퐁당 빠져 마음의 부자로 살아가자. 자연을 따서 집으로 데려오니, 아침의 돈 문제로 요란했던 마음이 차분히 가라앉고 잠잠하게, 아주 잠잠하게 마음이 부요해진다. 둥둥 떠다니던 물질의 부유물이 가라앉으니 오히려 부요해진 하루를 선물로 받는다.

I think you can go anywhere

•

"I don't think I like the ocean," says Little Crab. "Maybe we should go home."
"Don't worry, Little Crab," says Very Big Crab.
"It'll be okay. I'm here. Come! Just a few more steps."
Little Crab takes a step... then another... until he can say "I'm in the ocean!" But then they see an enormous wave. It gets bigger and bigger. "Ready?" asks Very Big Crab. Little Crab nodded. They take a deep breath. Here it comes. Whoosh! Down they go.
"Look, Little Crab." They eat delicious seaweed. They run all across the seafloor and they have a giant game of hide-and-seek.
"I love the ocean," says Little Crab. "I think you can go anywhere," says Very Big Crab.

- 《Don't worry Little Crab》 Chris Haughton, Walker Books

○

"난 바다가 싫어! 집에 돌아가자!"

작은 게가 말했어요.

"걱정하지 마. 내가 옆에 있으니 괜찮아. 조금만 더 가 보자!"

큰 게가 용기를 북돋워 주었어요.

조금씩 용기를 낸 작은 게는 드디어 바다에 도착할 수 있었어요.

"바다에 다 왔어!" 그때 큰 파도가 밀려와요.

점점 큰 파도를 보며, "준비됐어?" 하고 큰 게가 소리쳤어요.

작은 게는 고개를 끄떡이며 다시 한 번 용기를 냈어요.

확 하고 밀려드는 파도에

두 친구들은 깊은 바다로 미끄러져 내려갔어요.

"작은 게야, 눈떠 봐!"

깊은 바다에서 두 친구는 맛있는 풀도 먹고,

해저를 여기저기 누비며, 넓은 바다 숨바꼭질의 묘미를 느꼈어요.

"바다가 너무 좋아!" 외치는 작은 게에게 큰 게가 말해줘요.

"넌 이제 어디든 갈 수 있을 거야."

-《작은 게야 걱정 마》 크리스 오턴

* 함께 읽으면 좋은 책 *

《Oh, the places you'll go》 Dr. Seuss
《Brave Irene》 William Steig

용기
Courage

지류에서 바다로! 도약의 마중물

“저, 이 하나 흔들려요!”

신나서 자랑하는 아들, 동네 친구 엄마다.

“딸래미는 이 몇 개 빠졌어?”

“벌써 두 개 빠졌어요. 하나는 지가 손으로 쑥 빼던데? 앞뒤로 완전히 제껴질 때가 있어. 그때 빼면 돼요.”

둘째를 키우는 엄마라서 그런지 늘 여유가 묻어난다. 몇 주 뒤, 살짝 흔들렸던 아들의 앞니가 이제 제법 헤딱헤딱 거린다. 가장 먼저 올라왔던 앞니라서 일찌감치 이별을 고하는 것 같다. 집에서 빼줄까 하다가 첫 경험인 만큼, 치과 방문으로 방향을 잡았다. 남편의 충치 치료도 예정되어 있어 한 큐에 둘을 처리할 수 있는 완벽한 타이밍이라 생각했다. 다음날 동반 치과 방문을 계획하고 아들에게 미리 알렸다.

“내일 치과 가서 아빠는 충치 치료하고 너는 흔들리는 이, 가서 빼는 거 어때?”

“네! 뺀 이 가져와도 돼요?”

“뭐하려구?”

"이 요정(Tooth fairy)한테 줘야 해서요. 알겠죠?"

이 요정한테 선물을 받고 싶은 마음 반, 이가 빠진 친구들 무리에 합류하고 싶은 마음 반으로 지체 없이 동의해준다. 용감하다고 마구 칭찬을 해줬다.

저녁 무렵, 자꾸 입을 오물거리는 아들. 거슬리는지 계속 이를 흔들어댄다. 손가락을 하도 갖다 대어 그런지 흔들리는 이 주변 잇몸이 살짝 헐어 파였다. 내일까지 기다리면 안 될 것 같다. 학교에서 아이 셋을 키우는 부장님이 알려준 팁이 떠오른다.

"치과 안 가도 돼요. 요즘 유튜브에 치실 묶는 방법까지 다 알려줘."

역시 다둥이 엄마들은 감탄할 만한 노련미를 뿜어낸다. 남편이 치실로 멋지게 뽑을 것을 기대하며 일전에 유튜브 보고 공부해 놓으라고 한 상태다. 치과에서 집으로 다시 방향을 틀었다. 어릴 적 우리 삼 남매의 흔들리는 이는 다 아버지의 몫이었으니 당연히 남편이 할 수 있을 거라 생각했다. 웬걸, 너무 큰 착각이다. 치실 들고 와서 끼우는 것부터 어설프다. 이에 실을 묶어 놓고 시간이 지체되니 아이의 공포감만 커진다. 징징거리는 아들을 보며 "확 낚아채!" 하고 독촉했지만 벌벌거리며 그걸 못한다. 아이는 빼기 싫다고 울고불고, 남편은 삐질삐질 땀 흘리며 실을 늘어뜨리고 있는 모습이란.

각자의 몸부림에 빠져버린 치실을 덥석 낚아챘다.

'차라리 내가 하는 게 낫겠다!'

총대를 멨다. 처음이라 살짝 긴장됐지만 나 아니면 할 사람이 없다. 그런데 남편은 도와주기는커녕, 애가 싫다는데 하지 말라며 막아선다. 그리고는 자기한테 악역을 시켰다고 난리다. 엄마 아빠의 실랑이 속에 두려움에 떨고 있던 아들은 내일 치과에도 안 가겠다고 떼를 쓴다. 당장 이를 빼자던 당당함조차 사라졌다. 마음이 물러 터져서 일을 다 그르친 것 같아 남편에게 확 열이 받는다. 일단, 아들을 진정시키는 게 먼저다. 잠자리 독서로 마음을 달래기 시작했다. 책 읽다 말고 계속 이를 만지작거린다. 이가 수직으로 툭 젖혀지는 것이 살짝만 건드려도 뽑힐 듯하다.

"엄마가 살짝 밀면 빠질 것 같은데? 오늘 밤에 빼면, 자고 있는 동안 이 요정이 올 수 있지 않을까?"

"엄마, 이 요정이 있긴 있어요? 있으면 어디 살아요?"

아들이 철벽 방어가 시작된다. 이 빼기 싫은 마음에 철석같이 믿고 있었던 이 요정의 존재에 의심까지 품는다.

"글쎄, 요정이니까 하늘에 살지 않을까? 있다고 믿는 사람에게 찾아올 거야."

몇 차례의 대화가 오갔다. 어르고 달래고….

"지금 이 빼고 나서 이 요정이 진짜 오나 안 오나 한 번 시험해볼까?"

"… 네!"

이쁜 것, 용기를 내어준다. 겁먹던 마음을 꿀꺽 참아낸 담대함, 장하다. 아들의 용기에 힘입어 나 역시 난생처음 흔들리는 이를 뽑아내는 담력을 빼들었다.

'약한 모습을 보이며 아들을 또다시 흔들 수 없다!'

하나, 둘, 셋, 톡!

"엄청 조그맣네요. 귀여워요!"

안 뽑았으면 어쩔 뻔했으랴? 돌고래 소리를 내며 자기의 첫 이라고 늘어지게 자랑을 한다. 애지중지 사진까지 찍고, 지퍼팩에 담아 머리맡에 놓는다.

"엄마, 근데 요정이 빠진 이, 안 가져가면 좋겠어요. 가지고 있고 싶어요."

"그럼 편지 써놓고 잘까? 이는 가져가지 말아 달라고?"

"네!"

이 대신 가져갈 선물을 만든다고 꼬물꼬물 색종이로 꽃을 하나 접는다.

"이.빨.가.져.가.지.마.새.요"

삐뚤빼뚤 편지도 쓴다. 완벽하지 않은 맞춤법이지만 물어가며 한글을 '그려'낸다.

"아들, 이제 다음번에도 이 잘 뽑을 수 있을 것 같아?"
"네! 좀 무서워도 할 수 있을 것 같아요!"

무서워서 눈물로 투쟁하던 꼬마가 뻥 뚫린 이 사이로 혀를 빼꼼히 내밀며 이 빠진 형들의 세계로 건너왔다. 건너와야 다음 단계가 보인다. 요정을 마주할 준비를 하고, 새로운 이를 설렘으로 기다리며, 다음번에 어떤 이가 빠질까 상상하기도 한다. 다음 날 아침이다.

"엄마! 우와! 요정이 선물만 가져갔어요! 이랑 편지 그대로 있고 돈도 있네요!"

한껏 상기되어 달려와 조잘대는 아들, '용기'의 문을 열고 새로운 것을 보았다. 한 번 이를 빼본 경험이 막연한 공포를 기대로 대치시키는 순간이다. 인생이 그렇다. 망설임과 두려움을 이겨내면 세상을 바라보는 눈높이와 베짱이 달라진다. 강을 건너야 바다를 볼 수 있는 것처럼. 지류에서는 한정된 강폭에 기대어 강이 세상의 끝인 줄 안다. 확 트인 넓은 바다를 경험하려면 강 하구에 침전된 퇴적물들을 뚫고 건너편으로 넘어가는 용기가 필요하다. '용기'가 마중물이 되어 강의 지류에 머물지 않고 넓은 바다로 뻗어간다. 그렇게 지평이 넓어지고, 확장된 세상이 자신의 것이 될 수 있다.

아들아, 돌파하는 용기, 그 내공을 차근히 다져가자. 용기를 내야 할 때, 과감해질 수 있는 밑거름이 차곡차곡 쌓이길 바란다. 처음 한 번이 어려울 뿐이다. 일단 연료가 공급되면 사방을 질주하며 달리는 자동차처럼 닿는 길과 세상 풍경은 확장된단다. 기회비용으로 날리기 아까운 만큼의 넓이와 깊이의 세계를 마음껏 움켜잡아 가슴에 넣으렴. 너에게 펼쳐질 나도 모르는 그 미지의 세계를 엄마는 한껏 응원한다.

"You are braver than you believe, smarter than you seem, and stronger than you think."

"너는 네가 믿는 것보다 더 용감하고, 네가 보이는 것보다 더 똑똑하고, 네가 생각하는 것보다 더 강해." - 곰돌이 푸

It was the best I could do

•

The emperor asked him. "Why did you bring an empty pot?" Ping started to cry and replied, "I planted seed you gave me and I watered it every day, but it didn't sprout. I put it in a better pot with better soil, but it still didn't sprout! I tended it all year along, but nothing grew. So I had to bring an empty pot without a flower. It was the best I could do."

When the Emperor heard these words, a smile slowly spread over his face, and he put his arm around Ping.

"I have found the one person worthy of being Emperor. The seeds I gave you had all been cooked, so it was impossible for any of them to grow. I admire Ping's great courage to appear before me with the empty truth, and now I reward him with my entire kingdom and make him Emperor of all the land!"

- 《The Empty Pot》 Demi, Square Fish

ㅇ

황제가 핑에게 물었어요.
“왜 빈 화분을 가져왔니?”
핑은 훌쩍이며 대답했어요.
“황제 폐하께서 주신 씨앗을 심고
매일 물을 주며 가꿨지만 싹이 나지 않았어요.
좋은 흙을 가져다 화분을 옮겨 심었는데도 소용이 없었어요.
일 년 동안 정성을 들였는데 아무것도 자라지 않았어요.
그래서 꽃도 피지 않은 빈 화분을 들고 올 수밖에 없었습니다.
제가 할 수 있는 최선이었어요.”
핑의 말을 들은 황제의 얼굴에는 천천히 미소가 번졌어요.
황제는 핑의 어깨에 손을 얹으며 말했어요.
“황제가 될 만한 아이를 드디어 찾았노라.
아이들에게 나눠준 씨앗은 볶은 것으로, 절대 꽃을 피울 수가 없지.
꽃을 들고 온 다른 아이들과 달리
빈 화분으로 내 앞에 나와 진실을 말해준 핑의 용기에 감탄하노라.
이제 핑에게 왕국 전체를 넘겨주고
황제로서 온 땅을 다스리게 하겠노라.”

-《빈 화분》 데미

정직

Honesty

값비싼 인생의 품격

"선생님, 저 잠깐 외출하면 안 될까요?"

"무슨 일이야?"

"급식 메뉴가 너무 맛이 없어서 그러는데, 나가서 밥 먹고 오고 싶어요."

거짓 핑계를 들이밀며 교문을 빠져나갈 궁리를 하지 않는다. 투명한 담판을 지으려는 전략에 나의 날카로운 눈초리가 무뎌진다.

학생들이 가장 관심있게 정독하는 게시물을 꼽으라면 단연 급식 메뉴다. 우리 반 부반장의 주요업무가 매일 아침 반톡에 급식 메뉴를 공지하는 것으로 시작될 정도다. '이 친구를 칭찬합니다' 설문 조사를 하면 하루도 빠짐없이 먹거리를 알려주는 부반장의 성실성이 침 튀기는 갈채를 받는다. 한 달간의 점심 메뉴를 네모 반듯하게 조각조각 잘라내어 소책자로 만들어 들고 다니는 학생도 있다. 다만, 성장기 아이들의 폭발적인 식욕이 까다로운 편식의 장벽과 부딪치는 날도 있다. 무료 급식이면 묻지도 말고 감사히 먹겠는 정서를 꼬깃하게 접은, 이들은 신세대다. 식판에 실릴 반찬들을 따져보며 자주 결식을 결정한다. 배고픈 것을 참지 못하는 내가 보기에는 사치스러운 호기다. 교무실 앞이 북적이는 날은 여지없이 점심 메뉴를 의심해본다. 오늘도 '역시나'이다. 문 앞에서 간절한 눈빛으로 나를 기다리고 있던 녀석, 불허의 낌새를 미리 눈치채고, 한마디의 결정타를 날린다.

"저 거짓말 안 하고 솔직하게 말씀드렸으니 오늘만요. 제발… 네?"

'정직'. 새로운 아이들과 일 년을 꾸릴 때, 첫 만남에서 가장 강조하는 가치다.

"선생님에게 사랑받으려면 거짓말하지 않아야 해요. 거짓말은 남을 속이는 것이 아니라 자기 자신을 속이는 것이죠. 스스로에게 당당하고 서로에게 거짓 없이 지내면 좋겠어요."

교직을 시작했던 첫해부터 꾸준히 한 해를 여는 개회사였다. 거짓이 난무하는 세상에 청정 지대를 만들어보고 싶은 작은 바람이다. 거짓말이라는 자기방어의 수사를 두르고 있는 학생들이 많아서이기도 하다. 교묘하게 진실을 가린 무심코의 항변들이 무조건 나쁜 것이 아닐 수 있다는 축적된 경험들은 삶에 확고한 기준을 지운다. 그래서 또렷하게 선을 그어주고 싶다. 센스 있는 녀석들은 나의 마음이 움직이는 구간을 간파한다. 솔직함을 전면배치하면 파란불이 켜지고 건너갈 수 있다는 것을 안다. 상황에 따라 오케이 신호를 보내는 판단의 유연성은 내 몫이다.

교문, 지금은 학생들이 밝은 대낮에도 자유롭게 통과하는 곳이다. 하지만 야간자기주도학습을 하던 때에는 해가 저물 때까지 굳건히 닫혀 있는 창살 같았다. 어떻게 해서든지 그 시간을 빼려는 아이들과 잡아놓고 공부를 시켜야 하는 선생님과의 팽팽한 실랑이가 일상이었던 그 시절의 어느 날, 두 녀석이 쭈뼛하며 교무실로 들어왔다.

"선생님, 저희가 지금 정말 가고 싶은 공연이 있는데요. 한 번만 보내주시면 안 될까요? 1년 동안 정말 잘할게요. 약속해요. 사실, 거짓말하려 했는데 선생님이 솔직해야 한다고 해서… 제발… 제발."

고 3이라는 무거운 짐을 짊어지기 시작한 학기 초였다. 그냥 보고만 있어도 짠한 학생들의 애처로운 눈빛을, 정직한 호소를 내치지 못했다. 그날 이후 두 녀석은 1년 내내 야간자기주도학습에 충실히 참여하며 약속을 지켜냈다. 몇 년 전, 두 녀석 중 하나가 집 앞까지 찾아와서 그때 그 경험을 뚜렷이 송환한다.

"선생님, 그때 진짜 고마웠어요. 안 보내주실 줄 알았거든요."

스승의 날마다 문자로 안부를 전해주는 제자, 정직함으로 인생을 살아내리라.

내 아이에게도 불같이 화를 내는 상황이 바로 거짓말을 했을 때이다. 아들의 말에 힘과 톤이 알차게 튀어오르면 정직이 투명하게 비친다. 반면, 반음계 낮은 목소리의 불투명한 표정은 레이더망에 딱 걸린다. 툭 건드리면 "앙~!" 울기 시작한다. 거짓말하다가 들켜버린 당황스러움, 수습 불가의 난감함, 따라올 훈계의 두려움 등이 얽혀 있다. 남편은 어린 애를 고등학생 혼내듯이 잡는다고 말린다. 맞다. 거짓이 삶에 배는 것을 애초에 차단시키고픈 엄마의 마음이 선을 넘을 때가 있다. 그래도 혼나야 할 상황이지만 정직하게 말해주면 훈육 후, 폭풍 칭찬을 해준다.

"엄마, 저 솔직하게 말했어요."

자신 있는 자랑이 된다. 부지불식간에 수도 없는 거짓말을 하기도 하고, 수도 없는 거짓말을 들으면서 살아가는 것이 인생이다. 그렇다고 무뎌져가는 것을 내버려두는 것이 정답은 아니다. 명확한 기준선 언저리에서라도 서성거리면 의식적 환기는 일어난다. 정직이 깔리면 진실과 진정성 위에 당당함이 쌓인다. 자잘하지만 정직으로 엮인 경험들이 생각의 무늬를 투명하게 수놓으면 진실한 인생이 직조될 것이다. 물론, 비싼 대가를 치러야 할 수도 있다. 그래서 정직은 천박한 사람은 기대할 수 없는 가장 값비싼 선물이라고도 한다. 인생에도 품격이 있다. 가리려 해도 가려지지 않는 품격있는, 진정한 인생을 아들에게 가르치고 싶다.

"Speak with honesty, think with sincerity, and act with intergrity."

"정직하게 말하고 진심으로 생각하고 진정성있게 행동하라."

- 로이 베넷

◈ ◈ ◈

부지불식간에 수도 없는 거짓말을 하기도 하고
듣기도 하면서 살아가는 것이 인생이다.
그렇다고 무뎌져가는 것을
내버려두는 것이 정답은 아니다.
명확한 기준선 언저리에서라도
서성거리면 의식적 환기는 일어난다.
정직이 깔리면 진실과 진정성 위에
당당함이 쌓인다.

Smart sensitive and dumb sensitive

•

Snoopy: I believe that dogs are the most sensitive of all creatures. I believe that beagles are the most sensitive of all dogs. I believe that I am the most sensitive of all beagles. Mister sensitive!

Lucy: 'Mister sensitive!' Ha! That's a laugh! You're only sensitive to yourself! You don't care anything about anyone else!

Snoopy: There's smart sensitive and there's dumb sensitive!

-《The Peanuts》 Charles Schulz

○

스누피: 개는 모든 생명체 중에서 가장 예민해. 비글은 모든 개들 중에서 가장 예민해. 나는 비글 중에서도 가장 예민해. 예민남이라구.

루시: '예민남!' 진짜 웃기네. 넌 너한테만 예민하잖아. 다른 사람은 아예 관심도 없잖아.

스누피: 음… 예민함은 두 종류구나. **지혜로운 예민함, 멍청한 예민함**.

-《피너츠》 찰스 슐츠

민감
Sensitivity
구석까지 더듬는 마음 센스

"아들 잘 키우셨네요!"

목사님께서 캔 커피 두 개를 내밀며 칭찬을 건네신다. 코로나 이후로 근 이 년 만에 주일학교 대면 예배가 시작된 날이다. 활기를 더해주는 꼬마들의 모습에 벅차오른 목사님은 예배 후, '과자 세 개' 라는 선물 공략을 내거셨다. 아들은 또래 형과 목사님의 손을 잡고 신이 나서 뛰어나갔다. 없던 떡이 세 개씩이나 떨어지는 절호의 기회였으니 오죽하랴.

과자 두 개를 골라 쥐고 나머지 한 개를 채우려는 순간, 엄마가 생각났던 모양이다. '나머지 하나는 엄마 것으로' 하고 마음먹으니 이번엔 아빠가 떠오른 아들. 고심 끝에 손에 있던 과자 하나를 내려놓고는 캔 커피 두 개를 골라 허락된 숫자 3을 채우더란다. 엄마 아빠를 위해 자기 것을 두 개나 포기했다. 아들의 따스한 마음 씀씀이에 추위가 녹는다. 예민한 마음 센스, 날 안 닮아 다행이다.

'타고난 감각' 혹은 '센스'는 부러운 자질이다. 센스의 근원, 예민함이 나의 것이 아니라 더 그렇다. 부족하니 욕심이 났던 시절이 있다. 하지만 어느 순간 스스로 닦달하지 않기로 마음먹었다. 신은 공평하게 나에게 다른 싹을 틔우셨다고 믿기로 했다. 집중력이다. 예민함과 집중력, 두 가치가 균형 있게 뿌리내리면 좋으련만, 둘은 상극이다. 무언가에 몰입하면 주변의 소리가 들리지 않는다. 예민했으면 귀가 열렸겠거니 한다. 목표를 이루는 데는 큰 동력이 되어준 집중력에 감사한다. 소싯적, 퐁퐁 솟아나는 샘처럼 체력까지 단단히 받쳐주었다. 목표 달성의 기쁨들도 쏠쏠히 누렸다.

시간이 흐르면서 달라졌다. 기를 쓰고 있는 나를 발견한다. 체력도, 동기도 예전만 못하다. 나의 부족함을 가려보기 위한 몸부림인지 완벽하지 않으면 내보일 수 없다는 자존심인지, 어느덧 에너지를 넘치게 쓰고 있는 나를 발견한다. 밤새워 자판을 두들겼던 석사 논문이 내 손에 쥐어졌을 때, 수개월 공들인 땀값이 새까만 표지 안의 활자로 덩그러니 갇혀 있는 것을 보고 결심했다. 이제 다시는 절대로 나를 쥐어짜는 일은 하지 않겠다고. 나이 들어 건강을 담보로 미련한 짓은 하지 말자는 각오였다.

일평생 전신 마취를 두 번 해봤다. 결혼 후 생긴 일이다. 유산과 난소 혹 제거, 두 차례의 수술을 할 때였다. 대장암 수술을 한 아버지, 가족력도 있다. 남편은 아내 건강에 예민해졌다. 작년, 뇌종양으로 어린 아들 둘을 남기고 눈을 감은 후배의 장례식을 겪어서 더 그렇다. 엄마의 죽음을 알지도 못하는 어린 아들을 보며 형언할 수 없이 애잔했다. 엄마 없는 아이, 아내 없는 남편, 생각만 해도 마음 깊은 곳을 후벼내는 아픔이다. 남편은 두 해째 후배의 생일날, 엄마와 아내를 잃은 가족에게 케이크를 보낸다. 소중했던 그들의 사람을 기억해주는 마음만이라도 흘려보내려는 것이리라.

어느 날, 남편의 예민한 센서에 빨간불이 켜졌다.

"나, 뱃살이 이상해! 너무 느는 것 같아!"

"인간미 있어서 좋네. 그냥 당신 일부로 받아들여!"

아들과 장난스럽게 나의 배를 두드렸던 남편이 이날 따라 주춤한다. 윗배도 나온 거 같다며 진지한 제안을 한다.

"병원 가자."

"엥? 병명이 뭔데? 복부 비만? 내장 지방?"

살찐 것도 민망한데 의사 선생님한테까지 들이밀라니 적잖이 당황스럽다.

'에효. 뱃살 때문에 병원을 끌려가야 하나.'

가벼이 넘겼더니 자꾸 설득하는 남편.

"우리 나이가 그냥 넘길 나이는 아닌 것 같아. 우리, 건강하고 행복하게 살자."

아이를 낳고도 육아가 힘들어서 임신 전보다 살이 더 빠졌다. 운 좋게도 출산 전 옷을 다 입을 수 있다. 가정 경제에 여간 큰 도움이 되는 것이 아니다. 하지만 논문작업을 하면서 의자에 앉아 있는 시간이 늘기 시작했다. 복직한 후에는 고칼로리 급식과 업무로 인한 좌정 시간이 배가되면서 뱃살이 눈에 띄기 시작했다. 내 것 같지 않은 내 것이 끈질기게 세를 넓혀가는 것을 그냥 지켜보자니 격하게 불편하다. 부지불식간에 쏟아낸 투덜거림의 잡음이 남편 감지기의 오작동을 초래한 것도 같다. 그런데 나이를 들이대니 할 말이 없다.

'내가 너무 미련하리만치 무디게 군 것은 아닌가?'

긴장감으로 병원행을 결정했다. 결론은, '살이라서 다행'인 뱃살 해프닝으로 끝났다.

불청객이었던 뱃살이 새로운 각도로 삶을 틀게 한다. 이제 나만이 아닌, 남편과 아들의 삶이 중첩되는 묵직한 무게감이 내 삶에도 실린다. 나이를 들이대면, 핑계할 수 없는 일들도 많아졌다. 고무줄처럼 늘어났다 바로 줄어드는 탄성도 나의 것이 아니다. 기를 쓰는 것이 이제 처절하고 처량해지는 나이가 되었다. 예민함, 여지껏 내 것이 아니라고 밀어두었던 것을 슬며시 끄집어내 본다.

"Do not strive too hard. Strive with your heart."

"기를 쓰지 말고 마음을 써라." - 박노해

마음을 쓰라고 한다. 악바리 근성을 접고 물 흐르듯 자연스럽게 '마음'이 흘러가는 것, 대전제를 바꾸어야 한다. 나에게만 집중되었던 에너지를 타인에게 분산시키는 것이 필요하다. 센서를 열어야 센스가 생긴다. 그런 경험이 있다. 강제로 열어젖힌 아이라는 존재 덕분이다. '일을 사랑하지 말고 사랑이 일하게 하라'는 말이 노력 없이도 이해되고 적용되는, 육아라는 영역이다. 사랑과 관심을 흘려보내는 것도 모자라 모든 것을 내어주는 경험의 문이 열린다. 아이에 대한 예민함의 스위치는 좋건 싫건 24시간 온(On)이다. 어느덧 나는 센서를 장착한 엄마가 되어 있다.

마음을 흘려주니 오히려 많은 것이 흘러들어왔다. 다채롭게 선사되는 엄마로서의 따뜻한 경험은 현재형이고 또 미래형이다. 모두 축복이다. 그래, 이런 것이지. 마음을 흘려보내는 것.

살이어서 다행이다. 엄마라서 감사하다. 예민한 두 남자로 인해 내 마음 구석을 바라봐주는 센스를 느낄 수 있어 푸근하다. 이미 어디엔가 심겨 있는 예민함의 싹을 가꾸는 노력, 이제 해보자.

◈ ◈ ◈

센서를 열어야 센스가 생긴다.
마음을 흘려주니 오히려 많은 것이 흘러들어왔다.
다채롭게 선사되는 엄마로서의 따뜻한 경험은
현재형이고 또 미래형이다.
모두 축복이다.
그래, 이런 것이지.
마음을 흘려보내는 것.

In his own good time, Leo bloomed!

•

Leo couldn't do anything right. He couldn't read. He couldn't write. He couldn't draw. He was a sloppy eater. And, he never said a word.
"What's the matter with Leo?" asked Leo's father.
"Nothing. Leo is just a late bloomer," said Leo's mother.
"Better late than never," thought Leo's father. And every day and night, Leo's father watched him for signs of blooming. "Are you sure Leo's a bloomer?" asked Leo's father. "Patience," said Leo's mother. "A watched bloomer doesn't bloom."
Then one day, in his own good time, Leo bloomed! He could read! He could write! He could draw! He ate neatly! He also spoke. And it wasn't just a word. It was a whole sentence. And that sentence was... "I made it!"

- 《Leo the Late Bloomer》 Robert Kraus, HarperCollins

○

레오는 제대로 할 줄 아는 것이 없어요.
읽지도 쓰지도 못하고 그림도 못 그려요.
밥 먹을 때는 지저분한 데다 말도 아직 못해요.
"레오에게 무슨 문제가 있나?" 아빠가 물어요.
"아무 문제 없어요. 그저 조금 늦게 피는 꽃이죠." 엄마가 말해요.
'늦어도 안 피는 것보다 낫지.' 아빠가 생각했어요.
아빠는 매일 밤낮으로 레오가 피어나는 징후를 살폈어요.
"진짜 피기는 하는 거야?" 아빠가 물어요.
"참고 기다리세요." 엄마가 말해요.
"자꾸 쳐다보면 못 피죠."
그러던 어느 날, **자기만의 때에 레오는 활짝 피어났어요!**
읽고 쓰고 그림도 그려요.
깨끗하게 먹고 말도 해요.
말도 한 단어가 아니라 통 문장으로 했답니다.
그 문장은 이러했어요.
"내가 해냈어!"

-《늦게 피는 꽃 레오》 로버트 크라우스

인내

Patience

어차피 피어날 꽃, 아이의 시간에 대한 믿음

"빨리! 빨리!"

아침에 아들에게 가장 많이 하는 말이다. '엄마' 모드에서 '직장인' 모드로 전환해야 하는 순간은 항상 버겁다. 두 역할을 모두 잘하고 싶지만 둘 다 놓쳐버릴 때가 많다. 출근 시간에 맞춰 아들을 등원시켜야 하는 압박감에 매일 아침 발을 동동거린다. 하지만 그 시간은 내가 지켜야 하는 시간일 뿐, 아들의 스케줄은 아니다. 이 녀석은 그저 '세월아 네월아'다. 아침이면 하고 싶은 게 뭐가 그렇게 많은지, 나가자고 하면 얼마나 이 핑계 저 핑계를 대는지. 그러다 보면 언성이 높아지고 한 번쯤 "앙!" 울어주는 통과의례를 거치고야 만다. 말 그대로 아들을 등 떠밀어 원에 넣는다.

분주한 아침, 돌아서자마자 차 안에서, '왜 또 눈을 치켜세웠을까?' 생각하며 참회의 눈물이 또르륵 떨어진다. 매일 엄마가 직장인이 아니면 받지 않을 독촉과 원성 받이가 되는 아들이 안쓰러워 운전하는 내내 눈물이 한 바가지 길러진다. 워킹맘의 회한, 하지만 비정하게 곧바로 엄마 모드에 오프(OFF)를 걸고

직장인 모드로 온(ON) 해야 한다. 업무의 추격을 시작한다. 엄청난 속도로. 왜? 깔끔하고 후련하게 일을 마무리하고 퇴근과 동시에 엄마 모드를 재장착하기 위해서다. 모드 전환과 정신없는 속도전을 반복하는 일상에서 아이를 바라보는 나의 시선은 인내심의 고갈, 그리고 미안함 둘 사이를 왔다갔다 한다.

미안함은 워킹맘의 기본값이다. 워킹맘은 그저 아이에 대한 미안함이 마음 구석구석에 넓게 기름칠 되어 있다. 그래서 여러 감정에 자주 미끄러지나 보다. 다른 아이들을 잘 가르치려고 엄청난 시간을 쏟아부어 수업 연구를 하고 있지만, 정작 내 아이는 하나도 신경을 못 쓰고 있다는 자괴감은 덤이다. 퇴근해서 집에 오면 아이를 따로 신경 쓸 에너지가 남아 있지 않아 그냥저냥 시간이 흘러 재우기 바쁘다. 어느 날 아들이 말한다.

"엄마, ㅇㅇ가 나한테 편지 써줬어요. 우리 반 친구들은 한글 잘 써요."

한국은 어릴 때부터 읽고 쓰는 교육을 하다 보니 아들 친구들은 벌써 한글을 깨우친 모양이다. "한글 공부 힘들면 안 해도 돼" 라고 아이를 안심시켰지만 내 아이가 편지를 써주는 친구들 사이에서 "나만 못해" 하고 효능감이 떨어지진 않을까 걱정이다. 나름의 소신으로 7세까지 문자 교육을 하지 않으려 했는데 어느덧 책을 읽어주며 한글을 손가락으로 짚어주고 있는 내 모습을 발견한다. 제동을 걸었던 한글 공부, 빨리 해야 하나? 내 아이가 뒤처지는 것 같은 조바심에 다시 속도의 문제가 고개를 밀고 올라온다.

나는 내가 느긋하고 꽤 너그러운 사람인 줄 알았다. 결혼은 내 평생의 착각에 보란 듯이 찬물을 끼얹었다. 성격이 이렇게 급하고 불같을 줄이야. 느긋한 남편, 나에게 큰 깨달음을 주었다. 우리 아들, 깨달음에 확인 사살을 해준다. 나는 온유하지도 착하지도 않다. 내 안에 꿈틀대던 각양각색의 괴물들이 순간순간 튀어나온다. 그동안 한평생 숨어 있었던 지독한 녀석들. 어쩜 그리 오래도록 잠잠했는지 결혼 후 참았던 숨통을 팍! 하고 터트리는 것이 쓰나미급이다. 감정에 대해 밥 도일(Bob Doyle)은 이렇게 말했다.

"The emotions are an incredible gift that we have to let us know what we're thinking."

"감정이란 내가 무엇을 생각하는지를 알게 해주는 멋진 선물이다."

맞는 말이다. 문제는 쏟아져 나오는 감정을 통해 내 생각을 알게 되면서 상대를 내 쪽으로 자꾸 끌어오려고 잡아당기고 있다는 점이다. '나'에 방점이 찍혀버리면 상대가 가려진다. 내 생각의 그늘에 가려진 남편과 아이를 가만히 들여다본다. 둘은 결과값을 찾는 과정이 모두 다르다. 그 무엇보다도 속도, 그 속도가 나와는 전혀 다르다. 시어머니가 인정한 대기만성형 남편, 성격 급한 나는 답답하다. 이제 걸음마를 떼고 세상에 발을 디딘 아들, 나는 아침마다 독촉이다.

"빨리 해!"

"엄마, 저 지금 빨리 하고 있어요."

"어서 먹어!"

"(울상이 되어서는) 엄마, 나 빨리 먹고 싶은데 이가 흔들려서 잘 못 씹겠어요."

빠르게 입을 오물거리고 있는 것이 눈에 들어온다. 흔들리는 이로 엄마의 속도에 못 미쳐 눈물짓는 아들. 내 기준으로 정한 속도가 정답은 아닌데, 불현듯 아들에게 또 미안해진다.

"Don't worry. Don't stew. Just go right along.
You'll start happening too. You won't lag behind, because you'll have the speed."

- 〈Oh! The places you'll go〉 Dr. Seuss

"걱정 말아요. 마음 졸이지 말아요. 그냥 계속 가면 돼요.
당신도 피어나기 시작할 거예요. 뒤처지지 않을 거예요.
왜냐면 당신만의 속도가 있을 테니까요."

-〈당신이 가게 될 곳〉 닥터 수스

모든 인생에는 저마다의 속도가 있다. 지금은 제대로 하지 못하는 것처럼 보이지만 언젠가 피어나기 위해 누구나 각자의 속도로 가고 있다. 나에게는 느려터진 걸음일지 몰라도 아들은 최선을 다하고 있다. 엄마가 알아주지 않는 답답함을 안고도 속도를 늦추지 않다가 나중에 이렇게 외칠 수 있다.

"엄마, 결국 제가 해냈어요!"

요즘은 학교 시험에서도 정답을 찾는 과정을 중시한다. 순탄치 않더라도 결국 정답을 찾아가는 과정이 맞으면 어느 정도 점수를 받게 된다. 지금 내 속도를 조절하지 않으면 나중에 아들 꽃이 활짝 피어났을 때 미안함이 먼저일 것 같다. 꽃의 향기를 한껏 누려야 하는데 누릴 자격 운운하며 당당하지 못하겠지.

만개한 꽃의 향을 마음껏 맡을 자격을 갖춘 엄마가 되어야겠다. 내 눈물과 함께 뿌려진 물 주기 작업, 오래 참고 가꾼 시간으로 미안함을 빼내야지. 결국에는 피게 될 꽃, 내가 어떻게 만개 시기를 정하랴. 그저 꽃이 핀다는 믿음으로 오늘도 나의 속도를 잘 조절해야겠다. 아이의 속도가 바로 아이 인생의 완벽한 정답이다. 내 속도는 내 인생의 답인 것처럼. 어차피 인생이 속도전이 아니라면 아이가 피어나는 때, 아이의 시간을 믿고 기다리자. 그리고 훗날 당당히 박수쳐줄 엄마의 자격을 갖추자. 오늘, 속도를 늦추어 아들의 보폭에 맞추어 걸어본다.

Wisdom comes from seeing the whole

•

One day seven blind mice were surprised to find a strange Something by their pond.
On Monday, Red mouse went first to find out. "It's a pillar," On Tuesday, Green Mouse set out. He was the second to go. "It's a snake," he said.
But others didn't agree. They began to argue. Until on Sunday, White mouse, the seventh mouse, went to the pond. When she came upon the Something, she ran up one side, and she ran down the other. She ran across the top and from end to end. "Now, I see. The Something is as sturdy as a pillar, supple as a snake, wide as a cliff, sharp as a spear, breezy as a fan, stringy as a rope, but altogether the Something is... an elephant!"
The Mouse moral: Knowing in part may make a fine tale, but wisdom comes from seeing the whole.

- 《Seven Blind Mice》 ED Young, Puffin Books

ㅇ

어느 날, 일곱 마리 눈먼 생쥐가
연못가에서 아주 이상한 것을 발견했어요.
월요일에 빨간 생쥐가 첫 번째로 알아보러 갔어요.
"그건 기둥이야."
화요일에는 초록 생쥐가 두 번째로 나섰어요.
"그건 뱀이야."
생쥐들은 고개를 저으며 서로 다투기 시작했어요.
수목금토를 지나 일요일에는
하얀 생쥐가 일곱 번째로 연못에 갔어요.
그 이상한 물체로 다가서 한쪽으로 올라갔다가
다른 쪽으로 내려왔어요.
그리고 꼭대기를 따라 끝에서 끝으로 달려가 보았어요.
"이제 알겠다. 이건 기둥처럼 튼튼하고,
뱀처럼 부드럽게 움직이고, 낭떠러지처럼 높다랗고,
창처럼 뾰족하고, 부채처럼 살랑거리고,
밧줄처럼 꼬여 있어.
하지만 다 합치면 코끼리가 되지!"
조금만 알고서도 아는 척할 수 있지만
참된 지혜는 전체를 보는 거예요.

-《일곱 마리 눈먼 생쥐》 에드 영, 시공주니어

* 함께 읽으면 좋은 책 *

《Sanji and the Baker》 Robin Tzannes

《Doctor De Soto》 William Steig

《My lucky day》 Keiko kasza

《A story》 Gail E. Haley

지혜

Wisdom

나무가 아닌 숲을 볼 때 캐낼 수 있는 보석

저녁을 먹고 산책을 나섰다. 남편과 아들, 그리고 오랜만에 만난 열 살 조카도 함께다. 조카는 미국 생활을 하고 돌아와서 아직 영어가 편한 꼬마 아가씨다. 나를 보면 신나서 영어로 조잘조잘댄다. 잠자기 직전까지 내 앞에서 종알종알종알~. 옆 방에서 듣고 있던 제부가 건너와서 서운함을 건넬 정도다.

“시아야, 너 아빠랑은 그렇게 영어로 대화 많이 안 하잖아!”

도란도란 조카와의 대화를 실은 밤바람이 음악을 몰고 온다.

“이모! 나 탱고 음악 너무 좋아!”

어느새 조카와 잡고 있던 손에도 탱고의 경쾌한 리듬이 실렸다. 서로 마주 보고 파트너가 되어 댄스 스텝을 밟기 시작한다. 삐끗대는 스텝과 깔깔대는 웃음소리가 섞여 밤공기를 채운다. 그런데 난데없이 아들이 엄마를 툭 건드리고 앞으로 내달렸다.

“아들! 왜 그래?”

녀석은 잡고 있던 아빠의 손도 놓은 채 멀찌감치 뒤도 안 보고 달려간다. 쫓아가서 잡으려 손을 뻗었다. 그랬더니 기어이 뿌리치며 더 멀리 달려 나간다. 뒤로 살짝 돌아보는 얼굴에 삐져서 상한 마음이 그렁그렁이다. 아뿔싸. 조카랑 너무 신나게 놀았나? 분위기를 바꾸어보려 잠깐 커피숍에 들러서 음료를 테이크 아웃 했다. 주문한 음료가 나올 때까지 기다리며 앉아서 눈을 마주치려 했다. 그런데 아들은 휙 돌아앉아서 토라졌음을 강하게 피력한다. 단단히 삐졌나 보다. 풀리지 않는 아들의 마음을 데리고 우리는 저녁 땅거미를 맞으며 다시 걸었다.

살며시 조카가 입을 연다. 그런데 조그만 꼬마 아가씨의 조언이 예사롭지 않다.

"이모, I did the same thing to my mom when I was little. Jealousy. By now he feels sorry but he can' say it. It's kinda embarrassing. I'll tell you something. Don't just grab his hands. You gotta ask him like '손잡고 갈래?' instead of '손잡아.' 이모, This is really important. You gotta go slowly through him. I know it because I've been there."

(어릴 때 나도 엄마한테 똑같이 그랬어. 질투하는 거야. 시간 지나고 나면 미안한데 부끄러워서 먼저 말도 못해. 그리고 이모가 손을 잡으려 하지 말고 '손 잡고 갈래?' 먼저 물어봐줘. 중요한 건, 천천히 해야 하는 거야. 나도 겪어봐서 잘 알거든요.)

조카는 심술부리는 동생을 온몸으로 이해했다. 그리고 자기가 느꼈던 감정을 차분히 알려주는 것이 제법이다. 장난감 절대 동생 못 준다며 꼭 움켜쥐고 있던 조그만 아이가 언제 이렇게 마음 넓은 소녀가 됐는지. 게다가 진실된 마음이 주렁주렁이다. 겪은 만큼 보인다고 했던가. 인생의 지혜는 나이의 잣대로 가늠할 수 없는 듯하다. 아이의 눈높이에 맞춘 아이의 지혜, 신통방통이다. 전략이 통했다. 물어보지도 않았는데 아들이 먼저 고백한다.

"엄마, 엄마가 누나랑 재밌게 놀아서 질투 났어요."

툭 치고 간 아들의 돌발행위 하나만 보면 이해하기 힘든 조각이, 사랑이라는 큰 그림 안에서 맞춰지니 말이 된다. 불현듯 아들과 했던 일전 대화가 떠오른다.

"우리 아들은 엄마가 얼마나 널 사랑하는지 알아?"

"네, 알아요."

"어떻게 알아?"

"보이니까요."

"마음이 보인다구? 무슨 모양인데?"

"하트 모양이요."

"어떻게 볼 수 있어?"

"엄마를 사랑하니까 보여요."

시인처럼 엄마에게 사랑 고백했던 아들의 마음을 다시 물었다.

"아들, 엄마가 사랑하는 거 알고 마음도 다 보인다고 했잖아. 그런데 그땐 그게 안 보였니?"

"네, 안 보였어요."

"왜 안 보였을까? 엄마는 계속 사랑하고 있었는데."

"화가 나니까 안 보였어요. 화를 안 내야 할 것 같아요."

화가 나면 볼 수 없는 진심이라. 내 감정에서 멀찍이 떨어져 나올 때 보이는 것이다. 나무에 코 박고 있지 말고 멀리 떨어져 숲을 볼 때 캐낼 수 있는 보석, 나도 이런 지혜의 시선을 캐내기 위해 전체 그림을 보는 노력을 해야겠다. 꼬꼬마에게서 삶의 지혜 한 꾸러미를 받았다.

"Now sign it."

•

The art class was over, but Vashti sat glued to her chair. Her paper was empty. "I can't draw." Her teacher smiled. "Just make a mark and see where it takes you." Vashti grabbed a felt-tipped pen and gave the paper a good, strong jab. Her teacher pushed the paper towards Vashti and quietly said, "Now sign it."

The next week, when Vashti walked into her art class, she was surprised to see what was hanging above her teacher's desk. It was the little dot she had drawn - her dot! All framed in swirly gold! "I can make a better dot than that!" She opened her never-before-used set of water color and set to work.

At the school art show a few weeks later, Vashti's many dots made quite a splash. Vashti noticed a little boy gazing up at her. "You're a really great artist. I wish I could draw," he said. Vashti stared at the boy's squiggle and then she said, "Sign it!"

-《The Dot》Peter H. Reynolds, Walkers Books

○

미술 시간이 끝났지만 바시티는 의자에서 일어나지 않아요.
텅 빈 종이를 보며 한 마디를 내뱉었어요.
"저는 그림을 못그려요!"
선생님은 미소로 답하지요.
"뭐든 그려봐. 그리고 어떻게 될지 보자."
바시티는 펜을 들고 강하게 점 하나를 찍었어요.
선생님은 종이를 앞으로 갖다 대며 조용히 말했어요.
"자, 이제 사인하렴."
일주일 후, 미술실에 들어선 바시티는 깜짝 놀랐어요.
선생님의 책상 뒤에 자신이 그린 점이
금빛 찬란한 액자 안에 걸려있는 것이 아닌가요!
"난 저것보다 더 잘 그릴 수 있다구!"
바시티는 한 번도 사용한 적 없는 물감을 열고 작업을 시작했어요.
얼마 후 열린 미술 전시회에서
바시티의 다양한 점들은 굉장한 작품으로 이목을 집중했죠.
한 소년이 바시티를 보고 말을 걸었어요.
"누나는 멋진 화가야. 나도 그림을 잘 그리면 좋겠어."
바시티는 소년에게 직선을 그려보라고 한 뒤,
그려낸 구불구불한 선을 보고 말했어요.
"자, 이제 사인해."

-《점》 피터 레이놀즈

* 함께 읽으면 좋은 책 *

《The smartest giant in town》 Julia Donalson
《The cool bean》 Jory John & Pete Oswald

도움
Helpfulness

길 터주는 부모의 용기있는 배려

"아이의 모든 행동과 말은 엄마에게 보내는 메시지예요. 좋은 부모는 SOS 신호에 민감해야 합니다."

순간 뜨끔하다. 서투른 육아를 메꾸려고 꼭 챙겨보는 육아방송에서 마음 때리는 멘트가 날아든다.

밀물과 썰물, 이만큼 몰려왔다가 저만큼 물러나는 것이 삶을 닮았다. 아이의 작은 인생에도 물이 들어왔다 나가는 찰랑거림이 보인다. '성장'이라는 물결에 흠뻑 적셔지면 아이와 함께 탄성을 지른다. 그러다가 퇴행의 파도에 저만치 쓸려가면 근심의 자취가 남는다. 낮과 밤 기저귀를 한꺼번에 뗀 아들에게 볼을 부비며 "최고야!" 하고 폭풍 칭찬을 해주던 것이 엊그제다.

그런데 배변 습관에 빨간불이 들어왔다. 언제부터인가 실수가 반복된다. 팬티에 똥을 싸고 선생님께 말하지 않아 엉덩이가 벌겋게 된 채로 하원한 적도 있다. 자꾸 실수가 반복되어 소아과 의사 선생님께 속에 탈이 났는지 여쭈었다.

"병이 아니라, 그냥 참는 거예요."

의외로 간단명료한 답변이었다.

'왜 참지? 여자 친구들이 있어서 부끄러운가? 화장실도 안 가고 놀이에 집중을 하는 건가?'

아들에게 물어봐도 설렁설렁 답할 뿐이다. 꼬리에 꼬리를 무는 의문과 함께 답 찾기는 미궁으로 빠졌다. 그냥 '집중력이 좋아서 그런가 보다' 흡족한 착각으로 갈무리했다.

하지만 며칠째 횟수가 과해진다. 하루에도 서너 번 팬티를 갈아 입혀야 했다. 똥 팬티와의 전쟁, 살짝 짜증이 올라온다.

"왜 또 지렸어? 선생님께 화장실 가고 싶다고 왜 말 안 해?"

"…."

"노느라 그런 거야? 아니면, 화장실 가는 게 부끄러워서 그런 거야?"

"부끄러워서 말을 못 했어요."

원에서는 정말 부끄러울 수 있다. 하지만 집에서까지 그러니 썩 개운치 않다. 꼬치꼬치 캐물었다. 결국 울먹이며 가슴 철렁한 말을 내뱉는다.

"응아 실수해서 선생님한테 혼났어요."

작년 반에서의 일이다. 선생님께서 아이의 뒤처리를 해주는 중에 잔변이 더 나왔던 모양이다. 설마 화를 내셨을까, 애써 부인해보지만 아이의 머릿속에 '화장실 가면 혼난다' 라는 공식이 각인된 지 오래였다. 혼나지 않으려고 참아내는 과정에서

애꿎은 팬티뿐만 아니라 배변 습관이 버려졌다. 선생님에 대한 서운함도 잠시, '나는 왜 이렇게 무딘 엄마인가?' 라는 자책이 들었다. 아이가 반년이 넘도록 온몸으로 신호를 보내고 있었는데, 나 편한 대로 생각해버리다니. 저린 마음으로 선생님께 편지를 띄우고, 하원 후 아이에게 물었다.

"오늘 선생님과 대화했니?"

"네. 선생님이 지금은 ㅇㅇㅇ반 아니래요. 그러니까 화장실 가고 싶으면 참지 말고 말하래요."

마음이 다독여진 이후, 아들은 팬티에 실례하는 횟수가 현저히 줄어들었다.

아이의 퇴행, 모두 가볍지 않은 이유가 있다. 걸렸던 돌을 제거하고 살짝만 방향을 틀어주니 속도가 붙었다. 전진에만 무게를 싣고, 길 위에 멈춰 서서 뒤로 주춤하는 아이를 세심하게 챙기지 못했다. 거창하게 '길 터주는 부모가 되어야지' 하고 마음만 앞세웠다는 미안함이 우수수 떨어진다. 만회 차원에서 칭찬을 한가득 가불해줬다.

"요즘, 너무 많이 멋있어졌는데? 혼자서 뒤처리까지도 더 잘할 수 있는 우리 아들, 큰형이 다 됐네!"

길 터주는 부모가 되고 싶었다. 아이를 빛나게 해주기 위해 무참히 밟지 않고 길을 열어주겠노라 다짐했다. 미켈란젤로의 아버지는 아들을 하대 받는 붓쟁이로 만들고 싶지 않았지만 결국 미술적 재능을 키울 수 있도록 자기 친구에게 보냈다. 에디슨의 어머니는 아들을 학교 선생님처럼 집중력 없고 산만한 문제아로 재단하지 않았다. 아인슈타인의 어머니 역시 아들을 모지리로 판단하는 학교의 평가체계를 과감히 필터링하고 다른 렌즈로 아이를 들여다봤다. 내 아이에 대한 끊임없는 외부의 판단을 유보하고 진정한 재능이 꽃필 수 있도록 문을 열어주려 했다. 주변의 소리를 의식하면서 불안해하지 않았다.

오은영 박사의 책 《불안한 엄마 무관심한 아빠》에서는 엄마의 불안을 수렵 채집하던 시대부터 생존하기 위한 오랜 본능으로 규정했다. 그리고 요즘은 수많은 정보 속에서 자신의 육아 방식에 대한 확신의 부재가 불안을 낳는 요인 중 하나라고 말한다. 체화되지 않은, 그저 결과와 팁만으로 육아 정보를 습득하다 보면 불안이 엄습한다. 내 아이에게 외부의 잣대, 나의 속단을 들이댈 때 찾아오는 불청객이다. 불안한 엄마는 아이를 들볶으며 출구를 찾는다.

길 터주는 부모가 되기 위해서는 그 길 어딘가에서 고군분투하고 있는 아이의 발걸음과 마음을 잘 들여다보는 것이 먼저다. 외부의 겁박에서 자유로워지는 용기를 장전해야 한다. 세상의 기준이라는 거추장스러운 허울을 과감히 벗고 내 아이만을 위한 성장 열차를 제대로 찾아 태워야 한다. 부지불식간에 들어오는 주변의 소리, 다른 엄마들의 주행 방향과 속도에 시선을 뺏기지 말자. 쉬어가야 할 때도, 주저앉아 좀 더 머물러야 할 때도, 그래서 남들과 조금 늦거나 다른 길을 가야 할 때도 비교와 불안을 묶어두는 용기를 내자. 내 아이를 위해 가지 않은 길을 택하는 것, 의지적 용기다. 대담하게 정비된 길 위에 세심한 도움의 손길을 따라 전진할 수도록 배려하는 것. 다른 사람은 절대 해줄 수 없는, 내 아이가 나에게서만 받을 수 있는 특권이다. 불안의 껍질에 숨지 말고 자신 있게, 줏대 있게 오늘도 내 아이를 위한 한정판의 도움을 찍어야겠다.

Two roads diverged in a yellow wood,
And sorry I could not travel both
And be one traveler, long I stood
And look down one as far as I could
To where it bent in the undergrowth;

Then took the other, as just as fair,
And having perhaps the better claim,
Because it was grassy and wanted wear;
Though as for that the passing there
Had worn them really about the same,

I shall be telling this with a sigh

I took the one less traveled by,

And that has made all the difference.

- 〈The road not taken〉 Robert Frost

노란 숲속에 두 갈래 길이 나 있었습니다.

두 길 다 가보지 못하는 게 안타까워

난 한참을 서서 덤불 속으로 구부러진 한쪽 길을

바라볼 수 있는 데까지 멀리 바라보았습니다.

그리고, 다른 길을 택했습니다.

똑같이 아름다웠지만

그 길에 풀이 많고 사람들이 걸어간 자취가 적어

아마 더 걸어야 될 길이라고 생각했었던 것 같습니다.

내가 그 길을 걸으면 그 역시 거의 비슷해질 테지만

오랜 시간이 지난 후에 나는 한숨을 쉬며 이야기할 것입니다.

나는 사람이 적게 간 길을 택하였다고

그리고 그 때문에 모든 것이 달라졌다고.

- 〈가지 않은 길〉 로버트 프로스트

You must do something to make the world more beautiful

•

"When I grow up," I tell her, "I too go to far away places and come home to live by the sea."
"That is all very well, little Alice," says my aunt, "there is a third thing you must do."
"What is that?" I ask.
"You must do something to make the world more beautiful."
"All right," I say.
But I do not know yet what that can be.

-《Miss Rumphius》Barbara Cooney, Puffin Book

○

"저도 어른이 되면 고모할머니처럼 먼 나라로 여행도 가고 나중에 돌아와서 바닷가 마을에서 살래요."
"모두 좋은 생각이구나. 거기에 더해서 네가 해야만 하는 세 번째 일이 있단다."
"그게 뭐예요?"
"세상을 더 아름답게 하는 일이지."
"알았어요."
하지만 나는 아직 그게 무엇인지는 몰라요.

-《미스 럼피어스》바바라 코니

* 함께 읽으면 좋은 책 *

《The giving tree》 Shel Silverstein 《Say something》 Peter H. Reynolds
《Me, Jane》 Patric Mcdonnell 《The library》 Sarah Stewart
《Carl and the meaning of life》 Deborah Freedman

기여

Contribution

인생의 가장 큰 성공

바닷가 마을에 한 소녀가 살고 있다. 꿈 많은 소녀의 세계관에 큰 그림을 그려준 할아버지는 배 용품과 목재 장식을 만드는 예술가다. 어느 날 저녁, 소녀는 할아버지의 무릎에 앉아서 앞으로 하고 싶은 일들에 대한 담소를 나눈다.

"할아버지처럼 먼 나라에 갈 거예요!"

"나이가 들어서는 바닷가 근처에서 살래요!"

할아버지는 둥실둥실 떠다니는 소녀의 꿈들이 그저 바람결에 흩어져버리지 않도록 단단한 말 한마디로 고리 지어 묶어준다.

"다 좋은데 네가 꼭 해야 하는 것이 있어. 그건, 세상을 더 아름답게 만드는 일을 하는 거야."

천진난만한 소녀의 드림 리스트에 멋진 인생 방향이 덧입혀진다. 일상의 잔잔한 대화 속에서, 감성적 예술가의 혀끝을 타고, 묵직한 삶의 방향이 조형된다. 할아버지가 던진 말 한마디가 어린 소녀의 마음 울타리 안으로 쏙 들어가 평생 가슴 속에서 공명되는 지침으로 새겨진다.

세계 여행의 꿈을 이룬 소녀는 어느덧 세월의 흐름을 입은 할머니가 되었다. 노년기에 바닷가 마을로 돌아와 정착하면서 그녀는 어린 시절에 꿈꾸었던 두 가지 소망을 이룬다. 하지만 아직, 세상을 더 아름답게 만드는 과업이 미결로 남아 있다. 어느 날, 그녀는 형형색색으로 언덕을 채색하고 있는 루핀꽃을 보게 된다. 바람과 새들의 도움으로 씨앗이 뿌려지고 피어난 아름다운 풍경에 마지막 남은 꿈, 가장 어려운 그 소망을 실현하기로 마음 먹는다. 발길이 닿는 대로 여기저기 꽃씨를 뿌리고 다니는 그녀, 사람들은 꿈의 씨를 뿌리는 뒷모습에 '저 미친 할머니(That crazy old lady)' 라고 손가락질할 뿐이다. 하지만 그녀는 꿋꿋하게 씨앗 주머니를 들고 다니며 들판, 도로, 학교, 교회, 공터 등을 누비며 비어 있는 공간마다 꿈을 채운다. 아무도 알아주지 않는 비난을 밟고 걷는 그녀를 통해 과연 무슨 일이 벌어질까?

다음 해 봄, 마법처럼 마을 구석구석이 빨강, 파랑, 보랏빛 루핀꽃으로 피어오른다. 겨우내 딱딱했던 땅껍질이 씨뿌린 자의 땀방울을 머금고 드디어 말랑한 속살을 드러냈다. 사람들은 땅을 뚫고 나온 찬란한 꽃들의 향연을 무상으로 즐긴다. 그리고 그냥 지나쳐 가든지 오래 머물든지 간에 꽃이 연출한 아름다운 장면의 한켠을 차지하는 혜택을 누린다. 마침내 싹틔운 아름다운 꽃의 향기가 사람들의 삶 구석구석을 훑고 지나가며 새로운 설렘을 만든다. 어릴 적 소녀의 작은 가슴에 품었던 바람이 할머니가 되어 실현되는 극적인 묘미가 압권이다. 세상이 조금 더 아름다워지기를 바라는 '기여'의 기쁨이 다음 세대 아이들의 마음 밭에도 뿌려진다. 할머니가 된 소녀는, 소싯적부터 간직해왔던 삶의 작은 씨앗을 어린아이들의 마음 밭에 다시 심는다. '세상을 조금 더 아름답게 만드는 일.' 그녀의 노년을 더욱 멋지고 따뜻하게 채우는 비밀이다.

간절히 바라면 행동하는 용기가 생긴다. 끊임없는 시도와 발길질이 기다림과 설렘을 주입하며 계속 나아갈 수 있도록 밀어준다. 설렌 기다림이다. 그 끝이 더 나은 세상을 가리킨다면 삶의 온도가 한껏 올라간다. 공여자와 수혜자 모두에게 덧붙여지는 온기는 '기여'가 주는 훈훈한 훈장이다.

하지만 '기여' 라는 단어의 위엄 앞에 '나는 무엇을 할 수 있을까?' 망설이고 작아지는 것이 사실이다. 뭔가 거대한 업적을 떠올리기 때문이다. 혁신적인 발명으로 세상을 변화시키고 거액의 기부금을 쾌척하는 정도의 견적은 되어야 '사회에 이바지했다'는 명함 한 장 건넬 수 있을 것 같다. 진입 장벽이 높다고 생각하니 작은 몸짓은 초라할 뿐이다. 모자란 마음이라도 진입로에 서기만 하면 '나비의 날갯짓'이라는 희망을 품을 수 있을 텐데 말이다. 거창하지 않더라도 출발은 바로 '바라는 마음'이다. 일상을 뒹굴다 보면 수많은 단초들이 눈에 띈다. 그저 기대를 불어넣으면 된다.

몸과 마음과 영이 모두 건강한 아이를 기르고 싶다. 미시적으로 보면 엄마의 작은 바람일지 몰라도 거시적 관점에서는 꽤 큰 사회적 기여가 아닐까 싶다. 가정의 품 안에서 아이를 잘 다독여 키우고 다음 세대를 지탱할 든든한 구성원으로 독립시킨다면 엄마로서 할 수 있는 최대치의 기여가 아닐까? 아이가 나로 인해 행복하게 성장하여 누린 만큼의 행복을 나눠준다면 더 바랄 것 없는 기여의 확장으로 이어질 것이다.

> "린드 아주머니는 '아무것도 기대하지 않는 사람은 아무런 실망도 하지 않으니 다행이지' 라고 말씀하셨어요. 하지만 저는 실망하는 것보다 아무것도 기대하지 않는 게 더 나쁘다고 생각해요."

빨강머리 앤의 말이다. 실망하지 않기 위해 기대하지 않으면 삶의 생기와 온도에 제약이 걸린다. 의도적인 한계 설정, 앤은 나쁜 것이라 정의한다. 삶을 떠난 빈말에 열광해서는 안 되겠지만 바람을 꽉 채우기 위해 자기 몫을 다하는 시도는 갈채를 받아 마땅하다. 세상과 링크되어 있는 한, 연결망을 타고 작은 날갯짓의 진동은 전해진다. 에머슨의 말처럼 내가 한때 이 세상에 살았기 때문에 단 한 사람을 행복하게 한다면, 그것이 인생의 성공이고 이 세상에 대한 책임이 아닐까 한다. 서로의 삶에 힘을 주는 적당한 온도를 만들어가는 기여, 꼭 큰 마음이 아니어도 된다. 진폭 큰 날갯짓에 휘청거려 궤도이탈 하느니, 작은 시작으로 중심을 잡고 가는 것이 낫다. 작게 마음먹어 보자.

to leave the world a little better,
whether by a healthy child,
a garden patch,
or a redeemed social condition; to have played
and laughed with enthusiasm, and sung with exultation;
to know even one life has breathed easier because you
have lived - this is to have succeeded.

- 〈What is success?〉 Ralph Waldo Emerson

건강한 아이를 낳든
한 뙈기의 정원을 가꾸든
사회 환경을 개선하든
자기가 태어나기 전보다

세상을 조금이라도 살기 좋은 곳으로
만들어놓고 떠나는 것
자신이 한때 이곳에서 살았음으로 해서
단 한 사람의 인생이라도 행복해지는 것
이것이 진정한 성공이다.

-〈성공이란?〉 랄프 월도 에머슨

에필로그

,

Write On, Light On

바쁜 삶 속에 한 조각의 시공, 새벽을 떼어놓는다. 매일 무상으로 충전되는 이른 아침 시간은 촘촘한 삶에서 힘을 빼고 나를 풀어놓는 안전한 잉여 지대다. 삐걱거리는 자아를 세우고, 먼발치에 떨어져 있던 떳떳함을 주워서 조일 수 있다. 헐거워진 나와 불안한 엄마의 자아상을 건강하게 조여주는 공정을 반복한다. 엄마는 연습이 없다. 리허설 없이 바로 실전이다. 인생을 닮았다.

'엄마'라는 정체성은 묘하다. 나를 내어주면서도 '적당히'가 없고, 조금이라도 나를 앞세우면 '미안함'이 스민다. 서투른 육아에 쫓겼다. 나만의 보폭을 찾아 숨 돌릴 만한 여유가 생길 때쯤, 찍힌 발자국을 바라보며 리셋 버튼을 누르고픈 심정이 솟구치기도 했다. 아들의 유아기를 옆에서 지켜보고 싶어서 대학원 진학을 결심했다.

밤에는 세미나와 논문 준비, 낮에는 육아, 투트랙의 고단한 삶이었다. 하지만 수업이 없는 오후만큼은 아들과 함께하는 시간을 한껏 길어냈다. 집 앞 도서관을 문턱이 닳도록 드나들며 영어 그림책이 선사하는 경쾌하고도 울림 있는 여정을 함께했다.

서두르지 않는다. 느긋하게 채워가는 덤의 여유에 푹 잠긴다. 읽고 쓰고 생각하다 보면 정서가 몽글몽글 피어나고 보드라운 결을 찾는다. 일상의 보호대를 덧대고 부드러워진 나를 흘려보낼 수 있다. 무한 반복해야 할 것 같다. 늘 동반자처럼 따라다니는 과실과 후회의 반복, 횟수가 줄어들 것이라는 희망에 기대어 나를 돌아보고 정비할 뿐이다. 어제보다 나은 엄마의 성장곡선이 그려질 희망을 그리며.

어느 날이다. 몸이 피곤해서 아침까지 아이 옆에서 잠을 청했다. 엄마를 흔들어 깨우는 아들의 얼굴이 마냥 행복하다.

"엄마, 엄마가 오늘은 내 옆에 있네요!"

옆자리가 빈 침대에서 매일 혼자 일어나는 아들, 배시시 웃는 모습에서 또 하나의 목소리가 들린다.

"엄마가 옆에 있어서 좋아요!"

옆구리를 맞댄 기상이 다반사가 아니다 보니 가끔의 이벤트로 아들의 기쁨이 충천하다. 떠 있는 행복감을 품에 끌어와 아들을 밀착감 있게 '꽉' 포옹했다. 압착된 정서의 포만감이 서로의 마음에 철썩 붙어 떨어지지 않길 바라는 마음이다.

아이와 생각을 나눈 흔적들이 함께 남아 책장에 꽂히면 그보다 큰 추억이 없으리라 생각하며 오늘도 책을 뒤진다. 아이와 함께 나란히 앉아 필사하며 즐거운 이야기꽃이 피어나는 날을 그린다. 무엇보다 '함께'의 시간을 차곡차곡 쌓는 복락을 크게 누리고 싶다. 허기진 엄마의 인생 체력 그래프도 우상향으로 뻗어가리라. 지금 찍는 점이 모여 선이 되듯, 영어 필사의 첫 발걸음을 내딛는 엄마들이 나 자신을 돌보고 또 내 아이와 만들 수 있는 유일한, 그리고 고유한 길을 길게 그려가면 좋겠다. 걸을 때만 느끼고 품을 수 있는 길의 주인공으로 당당하게.

Thanks to

헐거워진 내 삶에 나사를 조일 수 있도록 부싯돌 역할을 해주신 최선경 선생님께 감사합니다. 부지런하게 새벽을 여는 모임을 주관해주셔서 함께한 시간은 짧았지만 읽고 쓰는 삶의 시작이 열렸습니다.
슬로우리딩 모임을 통해서 영어 소설책을 천천히 읽고 필사하는 경험을 하게 해주신 윤병임 선생님께도 감사합니다. 깊이 있는 읽기에서 나아가 나만의 글을 쓸 수 있는 단초가 되게 해주셨어요.
매일 새벽, 글쓰기 모임을 이끌어주셨던 백미정 작가님께도 감사드립니다. 넘치는 인품으로 격려를 부어주셔서 꾸준히 글을 쓸 수 있었습니다.
무엇보다 결혼 초부터 "당신 글 좋다"며 유일한 독자가 되어주었던 남편에게 감사합니다. 스스로 의심했던 나를 무비판적으로 지원사격해주어 여기까지 온 것 같습니다.

지금은 하늘에서, 인생 전성기 때의 온전한 정신과 건강을 누리며 따스하게 미소 짓고 계실 아버지에게 이 책을 바칩니다.